Leopold Mozart

Leopold Mozarts Hochfürstl. Salzburgischen Vice-Capellmeisters,

grundliche Violinschule

mit vier Kupfertafeln und einer Tabelle

Leopold Mozart

Leopold Mozarts Hochfürstl. Salzburgischen Vice-Capellmeisters, grundliche Violinschule
mit vier Kupfertafeln und einer Tabelle

ISBN/EAN: 9783337525644

Hergestellt in Europa, USA, Kanada, Australien, Japan

Cover: Foto ©Thomas Meinert / pixelio.de

Weitere Bücher finden Sie auf **www.hansebooks.com**

Leopold Mozarts
Hochfürstl. Salzburgischen Vice-Capellmeisters

gründliche
Violinschule,

mit

vier Kupfertafeln

und

einer Tabelle.

Vierte Auflage.

✼✼✼✼✼✼✼✼✼✼✼✼✼✼✼✼✼✼✼✼✼✼✼✼✼✼✼✼✼✼✼✼✼✼✼✼

Frankfurt und Leipzig

Vorrede.

Viele Jahre sind es, als ich für jene, welche sich von mir in der Violin unterweisen ließen, gegenwärtige Regeln niedergeschrieben hatte. Es wunderte mich oft recht sehr, daß zu der Erlernung eines so gewöhnlichen, und bey den meisten Musiken fast unentbehrlichen Instruments, als die Violin ist, keine Anweisung zum Vorscheine kommen wollte: da man doch guter Anfangsgründe, und absonderlich einige Regeln über die besondere Strichart nach dem guten Geschmacke schon längst wäre benöthiget gewesen. Mir that es oft sehr leid, wenn ich fand, daß die Lehrlinge so schlecht unterwiesen waren, daß man nicht nur alles vom ersten Anfange nachholen; sondern viele Mühe anwenden mußte die ihnen beygebrachten, oder wenigstens nachgesehenen Fehler wieder abzuziehen. Ich fühlte ein grosses Beyleid, wenn ich schon gewachsene Violinisten, die sich manchmal nicht wenig auf ihre Wissenschaft einbilden, ganz leichte Passagen, die etwa nur dem Striche nach von der gemeinen Spielart abgiengen, ganz wider die Meinung des Componisten vortragen hörte. Ja, ich erstaunte, wenn ich gar sehen mußte, daß sie auch bey mündlicher Erklärung des schon angezeigten Vortrages, und bey wirklicher Vorspielung desselben, dennoch das Wahre und Reine kaum, oder oft gar nicht erreichen könnten.

Es kam mir demnach in den Sinn, diese Violinschule dem Druck zu übergeben. Ich versprach mich auch wirklich mit dem Buchdrucker. Allein, so groß auch mein Eifer, der musikalischen Welt so viel an mir ist, zu dienen, immer war;

Vorrede.

so zauderte ich dennoch mehr denn ein ganzes Jahr: weil ich zu blöde war bey so aufgeklärten Zeiten mit meiner geringen Bemühung an das Tageslicht zu tretten.

Endlich erhielt ich von ohngefähr Herrn Marpurgs Historisch-kritische Beyträge zur Aufnahme der Musik. Ich las seine Vorrede. Es sagt gleich anfangs: Daß man sich über die Anzahl musikalischer Schriften nicht zu beklagen habe. Er beweiset es auch, und beklagt unter andern, daß noch eine Anweisung zur Violin fehle. Dieß machet nun meinen schon vormalsgefaßten Entschluß auf einmal wieder rege und war der stärkste Antrieb diese Blätter sogleich in meine Vaterstadt an den Buchdrucker zu schicken.

Ob sie nun aber so abgefaßt sind, wie es Herr Marpurg und andere verständige Musikverständige wünschen; dieß ist eine Frage, die nicht ich, sondern die Zeit beantworten kann. Und was könnte ich denn wohl auch davon sagen, ohne mich zu tadeln oder zu loben? das erste will ich nicht: denn es läuft wider die Eigenliebe. Und wer würde mir doch glauben, daß es mein Ernste wäre? Das Zweyte läuft wider die Wohlanständigkeit; ja es läuft wider die Vernunft und ist sehr lächerlich: da jedermann weis, was für einen übeln Geruch das eigene Lob nach sich läßt. Wegen der Herausgabe dieses Buches werde ich mich wohl nicht entschuldigen dörfen: weil dieß, meines Wissens, die erste Anweisung zur Violin ist, welche öffentlich erscheinet. Wenn ich mich bey der gelehrten Welt entschuldigen sollte: so müßte es nur wegen der Art der Abhandelung und des Vortrages seyn.

Es ist noch vieles abzuhandeln übrig. Dieß ist der Vorwurf, den man mir vielleicht machen wird. Doch,
was

Vorrede.

was sind es für Sachen? Solche, die nur dazu gehören der schlechten Beurtheilungskraft manches Concertisten ein Licht anzuzünden, und durch Regeln des guten Geschmackes einen Vernünftigen Solospieler zu bilden. Den Grund zur guten Spielart überhaupt habe ich hier geleget; das wird mir niemand aussprechen. Dieß allein war auch itzt meine Absicht. Hätte ich alles das übrige noch vortragen wollen: so würde das Buch nocheinmal so groß angewachsen seyn: welches ich doch hauptsächlich zu vermeiden gedachte. Mit einem Buche, welches den Käufer ein bischen mehr kostet, ist sehr wenigen gedienet: und wer hat es nöthiger eine solche Anweisung sich beyzuschaffen, als der Dürftige, welcher nicht im Stande ist auf eine lange Zeit sich einen Lehrmeister zu halten? Stecken nicht oft die besten und fähigsten Leute in der größten Armuth; die, wenn sie ein taugliches Lehrbuch bey Handen hätten, in gar kurzer Zeit es sehr weit bringen könnten?

Ich hätte freylich die in diesem Buche vorkommenden Materien noch viel weitläuftiger abhandeln, und nach dem Beyspiele einiger Schriftsteller, alles von andern Wissenschaften da und dort einschlagendes einmischen, sonderbar aber bey den Intervallen ein weit mehreres sagen können. Doch, da es meistens Sachen sind, die, theils zur Setzkunst gehören: theils oft mehr des Verfassers Gelehrsamkeit an den Tag zu legen, als dem Schüler zu nützen da stehen: so habe ich alles weggelassen, was mir das Buch hätte vergrössern können. Und eben der beliebten Kürze halben ist es geschehen, daß die im Vierten Hauptstücke mit zwoen Violinen angefangene Beyspiele nimmer so fortgesetzet, und überhaupts alle die übrigen Exempeln etwas kürzer sind angebracht worden.

Vorrede.

Endlich muß ich frey gestehen, daß ich diese Violinschule nicht nur zum Nutzen der Schüler, und zum Behufe der Lehrmeister geschrieben habe: sondern daß ich sehr wünschte alle diejenigen zu bekehren, die durch ihre schlechte Unterweisung ihre Lehrlinge unglücklich machen; weil sie selbst solche Fehler an sich haben, die sie, wenn sie nur ihrer Eigenliebe auf eine kurze Zeit entsagen wollten, gar bald erkennen würden.

Decipit Exemplar Vitiis imitabile:
Horat. Lib. Epist. XIX.

Vielleicht werden sie dieselben in diesem Buche ganz lebhaft abgemahlet finden; und vielleicht wird mancher, wenn er es gleich nicht gestehet, durch das überzeugende Gewissen zur Besserung gerühret werden. Nur das will ich öffentlich verbetten haben, daß man nicht glaube, als hätte ich bey ein und andern Fehlern, die ich in diesem Buche verächtlich vorstelle, auf gewisse Personen geziehlet. Ich bediene mich hier der Worte, mit welchen sich Herr Rabener am Ende des Vorberichtes seiner satyrischen Schriften von solcher Nachrede verwahret, und erkläre mich; daß ich niemand meyne, als diejenigen, welche wissen; wen ich gemeynet habe.

Omni Musarnm licuit Cultoribus ævo
Parcere Personis, dicere de Vitiis,
Quæ si irascere agnita videntur.
Son.

Mozart.

Einleitung

Einleitung in die Violinschule.

Der Einleitung erster Abschnitt.

Von den Geiginstrumenten, insonderheit von der Violin.

§. I.

Das Wort Geige, begreift in sich Instrumente verschiedener Art und Grösse, welche mit Darmsaiten bezogen sind, deren jede, einer richtigen Austheilung nach, grösser als die andere seyn muß, und die mit einem aus Holz gemachten und mit Pferdhaaren bespannten Bogen gestrichen werden. Aus diesem erhellet, daß das Wort Geige ein allgemeines Wort ist, welches alle Arten der Geiginstrumente in sich einschliesset; und daß es folglich nur von einem Mißbrauch herrühret, wenn man die Violin platterdings die Geige nennet. Ich will die gewöhnlichsten Gattungen hersetzen.

Der Einleitung erster Abschnitt.

§. 2.

Eine schon fast veraltete Art der Geigen sind die kleinen Sak= oder Spizgeiglein, welche mit 4 oder auch nur mit 3 Saiten bezogen sind. Sie wurden, wegen der Bequemlichkeit sie in den Schubsack zu stecken, gemeiniglich von den Herrn Tanzmeistern bey Unterweisung ihrer Lehrlinge gebraucht.

Eine zwote, aber auch wenig mehr übliche Art sind die einfachen, oder Brettgeigen; welche also benennet werden, weil die 4 darauf gespannten Saiten, nur über ein gewölbtes Brett gezogen sind, so eigentlich dem obern Theile einer gemeinen Violin oder Diskantgeige gleichet.

Die dritte Art sind die Quart=oder Halbgeiglein. Sie sind kleiner als die gemeinen Violinen, und werden für gar kleine Knaben gebraucht. Doch ist es allezeit besser, wenn die Finger eines Knaben es zulassen, ihn an eine rechte Violin zu gewöhnen; dadurch er die Finger in einer beständigen Gleichheit erhält, sie abhärtet, und solche recht auszustrecken erlernet. Vor einigen Jahren hat man noch so gar Concerte auf diese von den Italiänern sogenannte kleine Violin (Violino piccolo) gesetzet, und da es sich weit höher als eine andere Violin stimmen läßt; so wurde es, besonders bey musikalischen Nachtstücken, mit einer Zwerchflaute, Harfe, oder mit einem andern solchen Instrumente vergesellschaftet, öfters gehöret. Itzt ist man der kleinen Geiglein nimmer benöthiget. Man spielet alles auf der gewöhnlichen Violin in der Höhe.

Die vierte Gattung sind die gemeinen Violinen oder Diskantgeigen, von welchen wir eigentlich in diesem Buche zu reden haben.

Eine fünfte Art sind die Altgeigen: welche von dem italiänischen Viola di Braccio, auch Violen heisen; am gemeinsten aber (von Braccio) die Bratschen genennet werden. Man spielet damit sowohl den Alt als den Tenor, auch zur Noth, zu einer hohen Oberstimme den Baß, (a) dazu man doch sonst

Eine sechste Gattung, nämlich die Fagotgeige brauchet; welche der Grösse und Besaitung nach von der Bratsche in etwas unterschieden ist. Einige nennen sie auch das Handbaßel; doch ist das Handbaßel noch etwas grösser als die Fagotgeige. Man pflegt also, wie schon gesagt worden, den Baß damit zu spielen: allein nur zu Violinen, Zwerchflauten, und andern hohen Oberstimmen; sonst würde der Grund die Oberstimme überschreiten, und, wegen der wi=

der

(a) Ich hatte oft Gelegenheit über Violonisten zu lachen, die den Baß zu ihrem Solo so gar mit einer Violin accompagniren liessen, wenn gleich ein Violoncell noch zugegen war.

Der Einleitung erster Abschnitt.

der die Regel laufenden Auflösungen, gar oft eine widrige Harmonie hervorbringen. Diese Ueberschreitung der Oberstimme mit der Unterstimme ist in der musikalischen Setzkunst bey Halbcomponisten ein ganz gemeiner Fehler.

Die siebente Art heißt das Baßel oder Bassete, welches man, nach dem italiänischen Violoncello, das Violoncell nennet. Vor Zeiten hatte es 5 Saiten: itzt geigt man es nur mit vieren. Es ist das gemeinste Instrument, den Baß damit zu spielen; und obwohl es einige etwas grössere, andere etwas kleinere giebt; so sind sie doch nur der Besaitung nach), folglich nur in der Stärke des Klanges, ein wenig von einander unterschieden.

Der große Baß, (il contra Basso) der auch gemeiniglich der Violon genennet wird, ist die achte Gattung der Geiginstrumente. Dieser Violon wird ebenfalls von verschiedener Grösse verfertiget; allein es bleibt allzeit die nämliche Stimmung; nur daß man bey der Besaitung den nöthigen Unterschied beobachtet. Weil der Violon viel grösser als das Violoncell ist; so ist auch dessen Stimmung um eine ganze Octav tiefer. Er wird am gewöhnlichsten mit 4, und auch nur mit 3, der grössere aber mit 5 Saiten bezogen. Bey diesem mit 5 Saiten bespannten Violon sind an dem Hals, durch alle Intervallen, Bände von etwas dicken Saiten angebracht; welches das Aufliegen der Saiten auf dem Griffbrette hindert, wodurch folglich der Klang gebessert wird. Man kann auch auf einem solchen Basse die schweren Passagen leichter herausbringen: und ich habe Concerte, Trio, Solo 2c. ungemein schön vortragen gehört. Doch habe ich bemerket, daß beym Ausdruck einer Stärke beym Accompagnieren allezeit sich zwo Saiten zugleich hören liessen; weil die Saiten merklich dünner sind und näher beysammen stehen, als bey einem Basse, der nur mit 3 oder 4 Saiten bezogen ist.

Die neunte Art ist die Gamba. Sie wird zwischen die Beine gehalten; daher sie auch den Namen hat: denn die Italiäner nennen sie Viola de Gamba, das ist: Beingeige. Heut zu Tage wird auch das Violoncell zwischen die Beine genommen, und man kann es mit allem Rechte auch eine Beingeige nennen. Im übrigen ist die Viola di Gamba von dem Violoncell in vielem unterschieden. Es hat 6 auch 7 Saiten; da das Baßel nur 4 hat. Es hat auch eine ganz andere Stimmung, einen angenehmern Ton, und dienet meistentheils zu einer Oberstimme.

Der Einleitung erster Abschnitt.

Die zehnte Gattung ist der Bordon, nach dem gemeinen Sprechen der Barydon, von dem italiänischen Viola di Bordone, (*b*). Dieses Instrument hat, gleich der Gamba, 6 bis 7 Saiten. Der Hals ist sehr breit und dessen hinterer Theil hohl und offen, wo 9 oder auch 10 messingene und stählerne Saiten hinunter gehen, die mit dem Daumen berühret, und gekneipet werden; also zwar, daß zu gleicher Zeit, als man mit dem Geigebogen auf den oben gespannten Darmsaiten die Hauptstimme abgeiget, der Daumen durch das Ausschlagen der unter dem Hals hinabgezogenen Saiten den Baß dazu spiele. Und eben deswegen müssen die Stücke besonders dazu gesetzet seyn. Es ist übrigens eines der anmuthigsten Instrumente.

Eine eilfte Art mag die Viola d'Amor seyn; nach dem italiänischen Viola d'Amore, und nach dem französischen Viole d'Amour. Es ist eine besondere Art der Geigen, die, sonderheitlich bey der Abendstille, recht lieblich klinget. Oben ist sie mit 6 Darmsaiten, davon die tiefern übersponnen sind, und unter dem Griffe mit 6 stählernen Saiten bezogen; welche letztere weder gegriffen, noch gegeigt werden, sondern nur den Klang der obern Saiten zu verdoppeln und fortzupflanzen, sind erdacht worden. Dieses Instrument leidet viele Verstimmung.

Die zwölfte Gattung ist das englische Violet, so hauptsächlich von der Viola d'Amore nur dadurch unterschieden ist, daß es oben 7 und unten 14 Saiten, und folglich auch eine andere Stimmung hat, auch wegen der Menge der untern Klangsaiten einen stärkern Laut von sich giebt.

Eine alte Art der Geiginstrumente ist die aus dem Trumscheib entstandene Trompete marine. Es hat nur eine grosse Darmsaite; hat einen breyeckichten Körper; einen langen Hals, u. s. w. Die Saite liegt auf einem Stege, welcher auf einer Seite den Sangbogen kaum berühret, und folglich verursachet, daß die Saite, wenn sie gegeigt wird, einen schnarrenden Ton, gleich einer Trompete, von sich giebt.

Diese nun sind alle mir bekannte, und meistentheils noch übliche Gattungen der Geigen; davon die vierte, nämlich die Violin, der Stoff dieser zum Versuch unternommenen Lehrschrift seyn wird.

§. 3.

(*b*) Einige sprechen und schreiben Viola di Bardone. Allein Bardone ist meines Wissens kein italiänisch Wort; wohl aber Bordone; denn dieses heißt eine Tenorstimme; bedeutet auch eine grobe Saite, eine Hummel, und das leise Brummen der Bienen. Wer dieses Instrument kennet, wird auch einsehen, daß durch das Wort Bordone, der Ton desselben recht sehr gut erkläret sey.

Der Einleitung erster Abschnitt.

§. 3.

Die Violin ist ein aus Holz verfertigtes Instrument, und aus folgenden Theilen zusammen gesetzet. Der obere Theil bestehet in einem gewölbten Dach; der untere Theil in einem eben dergleichen Boden; die Seitenwände, welche das Dach und den Boden zusammen fügen, werden von den Geigenmachern der Zarge (c) genennet; das Ganze aber heißt bey ihnen das Corpus, oder der Köper. An diesem Köper, Corpus, oder Leib, ist der Hals, und auf dem Hals der Griff; welcher also benennet wird, weil die darüber gespannten Saiten dort gegriffen werden. Unten ist ein Brettchen fest gemacht, an welches die Saiten angebunden sind, die auf einem hölzernen Stege ruhen, und ober dem Hals in Schrauben eingezogen werden; durch deren Hülfe die Violin gestimmet wird. Damit aber die Gewalt der über den Sattel ausgespannten Saiten das Dach nicht niederdrücke, und dadurch der Violin den Klang benehme, so wird in den Körper derselben unter den Steg oder Sattel ein klein Hölzchen gestecket; welches man den Stimmstock nennet.

Am äussersten Ende bemühen sich die Geigenmacher, theils eine zierliche schneckenförmige Krümmung; theils einen wohlgearbeiteten Löwenkopf anzubringen. Ja sie halten sich über dergleichen Auszierungen oft mehr auf, als über dem Hauptwerke selbst: Daraus denn folget, daß auch die Violin, wer sollte es meinen! dem allgemeinen Betrug des äusserlichen Scheines unterworfen ist. Wer den Vogel nach den Federn, und das Pferd nach der Decke schätzet, der wird auch unfehlbar die Violin nach dem Glanze und der Farbe des Firnisses beurtheilen, ohne das Verhältniß der Haupttheile genau zu untersuchen. Also machen es nämlich alle diejenigen, welche ihre Augen, und nicht das Gehirn zum Richter wählen. Der schön gekrauste Löwenkopf kann eben so wenig den Klang der Geige, als eine aufgethürmte Quarreperücke die Vernunft seines lebendigen Perückenstockes bessern. Und dennoch wird manche Violin nur des guten Ansehens wegen geschätzet; und wie oft sind nicht das Kleid, das Geld, der Staat, sonderbar aber die geknüpfte Perücke jene Verdienste, die manchen ... zum Gelehrten, zum Rath, zum Doctor machen. Doch wo bin ich hingerathen? Der Eifer gegen das so gewöhnliche Urtheil nach dem äusserlichen Scheine hat mich fast aus dem Geleise getrieben.

§. 5

(c) Der Zarge oder die Zarge: aber nicht Sarge; denn dieses kommt von σάρξ, σαρκός und heißt die Einfassung eines todten Körpers.

Der Einleitung erster Abschnitt.

§. 4.

Mit vier Saiten wird die Violin bezogen, deren jede, ihrer richtigen Abtheilung nach, grösser als die andere seyn muß. Ich sage, nach ihrer richtigen Abtheilung: Denn, wenn eine Saite gegen die andere etwas zu schwach oder zu stark ist, so kann unmöglich ein gleicher und guter Ton heraus gebracht werden. Sowohl die Herren Violinisten, als auch die Geigenmacher bestimmen diese Anstheilung nach dem Augenmaaß; und es ist nicht zu leugnen, daß es oft sehr schlecht damit zugehet. Man muß in der That mit allem Fleiß an das Werk gehen, wenn man die Violin recht rein beziehen will; und zwar so: daß die Saiten nach der wahren Beschaffenheit der Intervallen, nach welchen sie von einander abstehen, ihre richtigen Verhältnisse, und folglich ihre richtigen Töne gegen einander haben. Wer sich Mühe geben will, der kann eine Probe nach mathematischer Lehrart machen, und zwo feine gut ausgezogene Darmsaiten aussuchen; es sey ein (A) und (E) ein (D) und (A) oder ein (D) und (G): deren jedoch jede für sich, so viel möglich, eine gute Gleichheit hat. Das ist: der Diameter oder Durchschnitt der Saite muß gleich groß seyn. An jede dieser zwo Saiten können Gewichte von gleicher Schwere gehänget werden. Sind nun die zwo Saiten recht ausgesucht; so müssen sie, bey dem Anschlagen derselben, das Intervall einer Quinte hervorbringen. Klingt eine gegen die andere zu hoch, und überschreitet die Quinte; so ist es ein Zeichen, daß selbige zu schwach ist, und man nimmt eine stärkere. Oder, man verändert die zu tief klingende, und liest sich dafür eine feinere aus, denn sie ist zu stark. Auf diese Art wird so lange fortgefahren, bis man das Intervall einer reinen Quinte gefunden; alsdann haben die Saiten ihr richtiges Verhältniß und sind wohl ausgesucht. Allein, wie schwer ist es nicht, solche gleichdicke Saiten anzutreffen? Sind sie nicht mehrentheils an einem Ende stärker, als an dem andern? Wie kann man mit einer ungleichen Saite eine sichere Probe machen? Ich will also nochmalen erinnert haben, daß man bey Auslesung der Saiten den möglichsten Fleiß anwenden, und nicht alles so hin auf Gerathewohl machen solle.

§. 5.

Das Bedauerlichste ist, daß unsere heutigen Instrumentenmacher sich bey Verfertigung ihrer Arbeit so gar wenig Mühe geben. (d) Ja was noch mehr? Daß

(d) Die Instrumentmacher arbeiten heut zu Tage freilich meistentheils nur nach Brod. Und eines theils sind sie auch nicht zu verdenken: man verlangt gute Arbeit, und will wenig dafür bezahlen.

Der Einleitung erster Abschnitt.

Daß ein jeder nach seinem Kopfe und Gutgedüncken so hin arbeitet, ohne einen gewissen Grund in einem oder dem andern Stücke zu haben. Zum Beyspiel: Der Geigenmacher hat etwa durch die Erfahrung zu seiner Regel angenommen, daß bey einem niedern Zarge das Dach höher gewölbt seyn müsse; dahingegen, wenn der Zarge hoch ist, das Dach etwas weniger gewölbt und erhöbet seyn könne: und dieß wegen der Fortpflanzung des Klanges; damit nämlich der Klang durch das Niedere des Zarges oder des Daches nicht zu sehr unterdrücket werde. Er weiß ferner, daß der Boden im Holze stärker als das Dach seyn müsse; daß sowohl das Dach als der Boden in der Mitte mehr Holz als auf den Seiten haben sollen; daß übrigens eine gewisse Gleichheit in der sich verlierenden oder allmächlich wieder anwachsenden Holzdicke zu beobachten sey, und er weis solche durch den Greifzirkel zu untersuchen, u.s.f. Woher kömmt es denn, daß die Violinen so ungleich sind? Woher kömmt es, daß eine laut, die andere still klinget? Woher hat diese einen, so zu sagen, spitzigen; jene einen recht hölzernen; diese einen rauhen, schreienden; jene einen traurigen und betäubten Ton? Man darf nicht viel fragen. Alles dieses rühret von der Verschiedenheit der Arbeit her. Ein jeder bestimmet die Höhe, die Dicke, u. s. w. nach seinem Augenmaaß, ohne sich auf einen zureichenden Grund fussen zu können: folglich geräth es einem gut, dem andern schlecht. Dieß ist ein Uebel, welches der Musik wirklich vieles von ihrer Schönheit entziehet.

§. 6.

In diesem Stücke könnten die Herrn Mathematiker ihren Ruhm verewigen. Der gelehrte Herr M. Lorenz Mizler, hat vor einigen Jahren schon den nie genug zu rühmenden Vorschlag gethan, eine Gesellschaft musikalischer Wissenschaften in Deutschland anzulegen. Sie hat auch wirklich schon im Jahr 1738. ihren Anfang genommen. Es ist nur zu bedauern, daß eine solche edle Bestrebung nach der redlichen Verbesserung der musikalischen Wissenschaften nicht allezeit reichlich unterstützet wird. Das ganze musikalische Reich müßte es einer solchen gelehrten Gesellschaft nimmer genug zu verdanken, wenn sie den Instrumentmachern ein so nützbares Licht anzündete, dadurch der Musik eine ungemeine Zierde zuwachsen könnte. Man wird es mir ja nicht verargen, wenn ich ganz aufrichtig sage: daß an genauer Untersuchung der Instrumente mehr lieget, als wenn man durch die Bemühung vieler Gelehrten endlich vom Grunde erörtert: warum zwo unmittelbar auf einander folgende Octaven oder Quinten nicht wohl in das Gehör fallen. Bey rechtschaffenen Componisten sind sie ohnehin schon

längst

Der Einleitung erster Abschnitt.

längst des Landes verwiesen: und es ist genug, daß sie, wegen ihres allzuvollkommenen Verhältnisses, dem aufmerksamen Ohr, da es eben eine Veränderung erwartet, durch sträfliche Wiederholung zur Last fallen. Ist es denn nicht mehr in Betrachtung zu ziehen, daß wir so wenig gute Instrumente sehen; das selbige von so ungleicher Arbeit, und von so verschiedener Klangart sind: als wenn wir ganze Reihen papierener Intervallen ausmessen und hinschreiben; davon oft viele in der Ausübung wenig oder gar nichts nützen? Diese gelehrten Herren könnten also durch eine nützliche Untersuchung, z. E. was für Holz zu einem Geiginstrumente das tauglichste? Wie solches am besten auszutrocknen wäre? (e) Ob nicht bey der Ausarbeitung das Dach und der Boden nach den Jahren (f) einander entgegen stehen sollten? Wie die Schweislöcher des Holzes am besten zu verschliessen seyn, und ob nicht auch der innere Theil deswegen mit Firniß ganz sein zu bestreichen, und was für Firniß der tauglichste wäre? Hauptsächlich aber, wie hoch, wie dick, u. s. f. das Dach, der Boden, und der Zarge sey müsse? Mit einem Worte, durch ein richtiges System, wie eigentlich die Theile einer Geige sich gegen einander regelmäßig verhalten sollen, könnten, sage ich, diese gelehrten Herren durch Hülfe der Mathematik, und mit Beyziehung eines guten Geigenmachers die Musik ungemein verbessern.

§. 7.

Unterdessen bemühet sich ein fleißiger Violinist, sein Instrument durch Veränderung der Saiten, des Sattels und des Stimmstockes nach Möglichkeit zu verbessern. Hat die Violin einen grossen Körper, so werden unfehlbar grössere Saiten von guter Wirkung seyn: ist der Körper hingegen klein, so erfodert es eine kleine Besaitung. (g) Der Stimmstock muß nicht zu hoch, aber auch nicht zu niedrig seyn, und rechter Hand etwas weniges hinter dem Fuß des Sattels stehen. Es ist kein geringer Vortheil den Stimmstock gut zu setzen. Man muß ihn mit vieler Gedult öfters hin und her rücken; jedesmal durch Abspielung verschiedener Töne auf jeder Saite den Klang der Geige wohl untersuchen, und so lang auf diese Art fortfahren: bis man die Güte des Tones gefunden. Der
Sattel

(e) Ich habe selbst eine Violin in Händen gehabt, deren Theile nach der Ausarbeitung, vor dem Zusammensetzen, mit recht gutem Erfolge im Rauchfang sind ausgetrocknet worden.
(f) Die Jahre nennet man die verschiedenen Züge, die sich im Holze zeigen.
(g) Bey hoher und tiefer Stimmung hat man das nämliche zu beobachten. Die dickern Saiten taugen ganz natürlich besser zur tiefen Stimmung, gleichwie die feinen bey der hohen Stimmung von besserer Wirkung sind.

Der Einleitung erster Abschnitt.

Sattel kan auch viel beytragen. Z. E. Ist der Ton gar zu schreiend und durchdringend, oder, so zu reden, spitzig, folglich unangenehm: so wird er mit einem niedern, breiten, etwas dicken und sonderbar unten ein wenig ausgeschnittenem Sattel gedämpfet. Ist der Ton an sich selbst schwach, still, und unterdrückt: so muß mit einem feinen, nicht zu breiten, anbey soviel es sich thun läßt, hohen, und unten sowohl als in der Mitte viel ausgeschnittenem Sattel geholfen werden. Solcher muß aber überhaupt von einem recht feinen, wohl geschlossenen, und ausgetrocknetem Holze seyn. Uebrigens hat der Sattel seinen Ort auf dem Dache der Violin in der Mitte der zween Ausschnitte, welche in der Gestalt eines lateinischen $\mathfrak{S}$ Buchstabens auf beyden Seiten angebracht sind. Damit aber der Klang nirgends unterdrücket werde: so muß das Brettchen, an welches die Saiten festgemacht sind, und welches man, nach dem gemeinen Waldspruche, das Sattelfest nennet, an das unten deßwegen eingesteckte Zäpfchen also eingehenket werden, daß er mit dem untern und schmahlen Ende weder über das Dach der Violin herein, noch hinaus reiche, sondern demselben völlig gleich stehe. Man muß endlich auch sein Instrument immer reinlich halten, und absonderlich die Saiten und das Dach, bevor man zu spielen anfängt, allezeit von dem Staub und Koliphon säubern (h).

Dieses Wenige mag inzwischen einem fleissig Nachdenkenden schon genug seyn, bis gleichwohl sich jemand hervor thut, welcher, nach meinem Wunsche, diesen meinen kleinen Versuch erweitert, und alles in ordentliche Regeln bringet.

(h) Colophonium wird aus gereinigtem Harz gemacht, und man schmiert mit demselben die über den Geigenbogen gezogenen Pferdhaare; damit sie die Saiten schärfer angreifen. Man muß aber den Bogen nicht zu sehr schmieren: sonst wird der Ton rauch und dumpficht.

Der Einleitung zweiter Abschnitt.

Von dem Ursprunge der Musik, und der musikalischen Instrumente.

§. 1.

Nachdem nun die Wesenheit der Violin erkläret worden, sollte man auch etwas von dem Ursprunge derselben beybringen, um dem Anfänger die Abkunft seines Instruments einigermassen bekannt zu machen. Allein, je weiter man in das Alterthum hinein siehet; je mehr verliert man sich, und geräth auf ungewisse Spuren. Es ruht fast alles auf ungewissem Grunde; und man findet in der That, mehr Fabelhaftes als Wahrscheinliches.

§. 2.

Der Musik überhaupt gehet es eben nicht viel besser. Man hat zu dieser Stunde noch keine vollständige musikalische Historie. Wie viele raufen sich nicht fast nur um den Namen, Musik? Einige glauben das Wort Musik komme von den Musen, welche als Göttinnen des Gesanges verehret worden. Andere nehmen es vom Griechischen μῶσαι, welches fleissig nachforschen, und untersuchen heist. Viele halten dafür, es habe seinen Ursprung von Moys (a), welches in egyptischer Sprache ein Wasser, und Icos, so eine Wissenschaft bedeutet (b): daß es also eine bey dem Wasser erfundene Wissenschaft anzeige; und zwar, weil einige wollen, das Geräusch des Nilflusses habe zur Erfindung der Musik Anlaß gegeben: denen aber jene wiedersprechen, die es dem Gesäuse und Gepfeise des Windes oder dem Gesange der Vögel zuschreiben. Endlich

wird

(a) Margarita Philosophica, Lib. 5. Musica speculativa, Tract. 1. Cap. 3. Impress. Basileæ 1508.
(b) Zacharias Tevo nel suo Musico Testore. P. 2. C. 7. pag. 10. Stamp. in Venezia 1707.

Der Einleitung zweiter Abschnitt.

wird es auch mit gutem Fug von dem griechischen Μουσα hergeleitet, welches eigentlich ein aus dem Hebräischen entsprungenes Wort ist. Denn es heißt soviel als הָעֲשׂוּי; nämlich: ein vortreffliches und vollkommenes Werk, welches zur Ehre Gottes ausgedacht und erfunden worden (c). Der Leser wähle sich, was ihm beliebt. Ich will nichts entscheiden.

§. 3.

Was können wir denn von der Erfindung und den Erfindern der Tonkunst Gewisses sagen? Man ist auch in diesem Stücke so uneinig, daß es mehrentheils auf Muthmaßungen hinaus läuft. Jubal hat das Zeugniß der H. Schrift für sich: wo er der Vater derjenigen genennet wird, welche auf Citharn und Orgeln spielten (d). Und einige glauben, daß nicht Pythagoras, wie man doch sonst vor gewiß (e) behauptet, sondern selbst der Jubal durch die Hammerschläge seines Bruders des Tubal, welcher ein Schmid soll gewesen seyn, die Verschiedenheit der Töne erfunden habe (f). Vor der Sündflut wird auser dem Jubal keines Musikverständigen in der H. Schrift gedacht. Ob nun also die Musik mit der allgemeinen Weltstrafe zu Grunde gegangen; oder ob nicht Noe (g), oder einer seiner Söhne, solche mit sich in die Arche genommen, davon haben wir keine Nachrichten. Nur das wissen wir, daß die Egypter solche erstlich wieder empor gebracht; von welchen sie auf die Griechen, von diesen aber auf die Lateiner gekommen ist.

§. 4.

Wollen wir die alten und neuen Instrumente gegen einander halten? Da werden wir auf lauter ungewisse Wege gerathen, und immer im Finstern wandeln. Wer belehrt uns denn, was die ehemaligen Harfen, Citharn, Orgeln, Leyern, Pfeifen, u. s. f. eigentlich für Instrumente gewesen? Wir wollen hören, was ein ganz neues und kostbares Buch (h) von einem Instrumente, dessen

Jubal

(c) Mich. Prætor: Syntagm. Muf. T. I. p. 38.
(d) Genesis IV, 21.
(e) Franchini Gafuri Teorica Musica, Lib. 1. Cap. 8. Impres. Mediolani 1492.
(f) (Petrus Commestor in Historia Scholastica.) Marg. Phil. L. 1. Tract. 1. C. 4. Tevo P. 1. C. 11.
(g) Man spricht auch Noah.
(h) Neue Sammlung der merkwürdigsten Reisegeschichten. 2. Buch. 60. Blat. S. 20.

Erfinder Jubal seyn soll, uns weitläuftig erzählet: Das Instrument Cinyra, heißt es, war auch bey den Phöniciern, und Syrern gebräuchlich. Die Hebräer nannten es Kinnora; die Chaldäer Kinnora, und die Araber Kinnara. Dieses Instrument soll von dem Jubal erfunden und also schon lange vor der Sündflut bekannt gewesen seyn (i). Es soll dasjenige seyn, worauf David vor dem König Saul gespielet (k), und welches man gemeiniglich für eine Harfe hält. Es war aus Holz gemacht (l) mit zehen Saiten überzogen, und wurde auf der einen Seite mit einer Schlagfeder gerühret, auf der andern aber mit den Fingern gegriffen, u. s. w. (m). Mit was für einem unserer heutigen Instrumente könnte man wohl dieses Kinnor vergleichen? Es sind ja alle weit davon unterschieden. Der Bericht selbst gründet sich auf Muthmaßung, und die musikalischen Wörterbücher sind zum Theil anderer Meinung. Die gelehrten Herren Verfasser dieses ansehnlichen Werkes haben sich alle Mühe gegeben, bey ihren Nachrichten, so viel immer möglich, auf den Grund zu sehen. Allein, die Klingzeuge der Musik betreffend, bekennen sie die Ungewißheit in folgenden Worten (n): Bey Verehrung des vom Nabucadnezar aufgerichteten Bildes, erwähnet der Prophet Daniel der Posaunen, Trommeten, Harfen, Psalter, Lauten, und allerley Saitenspiels, u. s. w. (o). Wir wollen aber dem Leser nicht gut dafür seyn, ob die hier angedeuteten Instrumenten eben auch so ausgesehen haben, wie diejenigen, die wir heut zu Tage so nennen (p). Man hat also wenig oder gar keine sichere Nachricht mehr von der wahren Beschaffenheit der alten Instrumente.

§. 5.

Nicht viel Gründlicheres finden wir, wenn wir auf die Erfinder der musikalischen Klingzeuge zurück sehen. Der so berufenen Leyer der Alten streitet man heute

(i) 1. Mos. 4, 21.
(k) 1. Sam. 16., 16. 23.
(l) 1 König. 10, 12. 2. Chron. 9, 11.
(m) Joseph. Antiq. Lib. 7. Cap. 10.
(n) In dem ersten Buch, 68. Blatt. §. 67.
(o) Cap. 3. 5.
(p) Man lese, was Calmet in seinem Commentaire sur les Pseaumes von der Musik der Alten angemerket hat.

Der Einleitung zweiter Abschnitt.

heute noch ihren Vater an. Diodor saget: Daß Merkur nach der Sündflut den Lauf der Sterne, die Zusammenstimmung des Gesanges und der Zahlen Verhältniß wieder erfunden habe. Er soll auch der Erfinder der Leyer mit 3 oder 4 Saiten seyn. Diesem stimmen bey, Homer und Lucian: Lactantius aber schreibt die Erfindung der Leyer dem Apollo zu; Plinius hingegen will den Amphion zum Urheber der Musik machen (q). Und wenn endlich Merkur durch die mehrern Stimmen das Recht zu seiner Leyer behält (r), solche auch nach ihm erst in die Hände des Apollo und Orpheus gekommen ist (s): wie läßt sich solche mit einem unserer heutigen Instrumente vergleichen? Ist uns denn die eigentliche Gestalt dieser Leyer bekannt? Und können wir etwa den Merkur für den Urheber der Geiginstrumente angeben? Bevor ich hier weiter gehe, will ich einen Versuch wagen, und den Anfängern zu Liebe nur im Kleinen, eine ganz kurze musikalische Geschichte entwerfen.

Versuch
einer kurzen Geschichte der Musik.

Gott hat dem ersten Menschen, gleich nach der Erschaffung, alle Gelegenheit an die Hand gegeben, die vortreffliche Wissenschaft der Musik zu erfinden. Adam konnte den Unterschied der Töne an der menschlichen Stimme bemerken; er hörte den Gesang verschiedener Vögel; er vernahm eine abwechselnde Höhe und Tiefe durch das Gepfeise des zwischen die Bäume dringenden Windes: und der Werkzeug zum Singen war ihm ja von dem gütigen Erschaffer schon zum voraus in die Natur gepflanzet. Was soll uns denn abhalten zu glauben, daß Adam von dem Triebe der Natur bewogen, eine Nachahmung z. E. des so anmuthigen Vogelgesanges u. s. f. unternommen, und folglich eine Verschiedenheit der Töne in etwas gefunden habe. Dem Jubal sind seine Verdienste nicht abzusprechen; denn die H. Schrift selbst beehret ihn, mit dem Titel eines Musikvaters:

(q) Giuseppe Zarlino. Instit. & Dimost. di Musica. P. I. C. 1.
(r) Tevo, P. I. C. 12. pag. 11. (Roberti Stephani Thesaurus Linguæ Lat. sub Voce Chelys.)
(s) Dittionario univers. di Efraimo Chambers sub Voce Lyra. Und Polidorus Vergilius de rerum Invent. pag. 51. & 52.

vaters: und es ist nicht unwahrscheinlich, daß die Musik entweder durch den Noah selbst oder durch einen seiner Söhne in die Arche, und nach der Sündfluth durch Unterweisung auf die Egypter gekommen; von denen sie nachgehends die Griechen erlernet, sich in Verbesserung derselben viele Mühe gegeben, und solche endlich auf die Lateiner und andere Völker gebracht haben. Ob aber Cham und sein Sohn Mesraim eben diejenigen waren, davon finden sich keine gründliche Anzeigen in der H. Schrift (t). Daß zu Labans und Jakobs Zeiten die Musik schon wieder getrieben, ja sogar zum Geleite der Abreisenden als ein Ehrenzeichen gebraucht worden, ist ganz gewiß; weil Laban zu Jakob sprach: Warum hast du ohne mein Wissen fliehen, und mirs nicht anzeigen wollen, daß ich dich mit Freuden, mit Gesang, mit Trummen, und Citharn begleitet hätte? (u) Das Lied der Maria, (x) und wie sie mit andern Weibern bey dem Durchzuge durch das rothe Meer auf der Trumme spielte, ist bekannt (y). Nicht weniger weis man aus der Schrift, daß Moses zwo Posaunen unter gewissen Regeln zu blasen verordnet hatte (z). Man weis das Blasen der Leviten, davon die Mauern der Stadt Jericho einstürzeten (aa). Man weis die musikalischen Anstalten, die David gemacht hatte (bb). Und daß man zu seiner Zeit schon vielerlei Instrumente gehabt habe, liest man aus den Aufschriften seiner Psalmen. Assaph der Sohn des Barachias war sein Capellmeister, und Jehiel über die Instrumente gesetzet; man mag ihn also einen Concertmeister nennen (cc). Die Propheten bedienten sich der Musik, wen sie weissagen wollten: Saul kann uns davon ein Zeuge seyn (dd). Und in der H. Schrift lesen wir es von den Kindern des Assaph, des Seman und des Jdithun (ee). Daß nächst den Hebräern die Griechen die ältesten Musikverständigen gewesen, ist gar nicht zu zweifeln. Es sind uns

Merkur,

(t) Kircherus war dieser Meinung, und Tevo schreibt in seinem Musico Testore, Cap. 12. Pag. 11.
(u) Genesis 31, 27.
(x) Maria, die andere Mirjam nennen, war Moses und Aarons Schwester.
(y) Exod. 15. 20. & 21.
(z) Num. 10, 2.
(aa) Josue 6, 4. & sep.
(bb) I. Paralip. 15. 16. & sep. nicht weniger Cap. 23. 5. 30.
(cc) I. Paralip. 16. 5.
(dd) I. Regum 10. 5. & 10.
(ee) I. Paralip. 25. 1, 2, 3, 4, 5, 6, andere sprechen auch Jeditim.

Der Einleitung zweiter Abschnitt.

Merkur, Apollo, Orpheus, Amphion, und mehr andere bekannt. Und wenn gleich einige sind, die behaupten wollen, daß z. E. niemals ein solcher Mann, welcher Orpheus geheissen, auf der Welt gewesen sey; ja daß das Wort Orpheus in der phönizischen Sprache so viel heisse, als ein weiser und gelehrter Mann: so gehen doch die allermeisten Zeugnisse der Alten dahin, daß dieser Orpheus gelebt habe (*ff*). Daß viel Fabelhaftes mit unterläuft, ist ganz gewiß: doch liegen unter diesen Fabeln auch viele Wahrheiten (*gg*). Bis auf die Zeiten des Pythagoras gieng keine Veränderung in der Musik vor: er aber war der erste, welcher der Töne Verhältniß mit dem Maaßstabe suchte. Dazu brachte ihn ein ungefährer Zufall. Denn als er einsmals in einer Schmiede mit Hämmern von verschiedener Grösse auf den Ambos schlagen hörte, merkte er die Verschiedenheit der Töne nach dem Unterschied der Schwere der Hämmer. Er versuchte es mit zwo gleichen Saiten, an eine derselben hieng er ein Gewicht von 6 Pfunden, an die andere ein Gewicht von 12. Pfunden, und fand bey dem Anschlagen dieser zwo Saiten, daß sich die zwote zu der ersten wie 2. zu 1. verhielt: denn sie war die hohe Octav. Und so fand er auch die Quart, und Quint; aber nicht die Terz, wie einige irrig glauben. Dieß war nun schon genug, der Musik eine andere Gestalt zu geben, und ein Instrument mit mehreren Saiten zu erfinden, oder solches immer noch mit einer Saite zu vermehren. Es kam aber auch bald zu einem musikalischen Kriege: denn nach dem Pythagor.kam Aristoxen von Tarent, ein Schüler des Aristotels. Und da jener alles nach der Ration und Proportion, dieser aber alles nach dem Ohr untersuchte, erwuchs ein langwieriger Streit, welcher endlich durch den Vorschlag beygelegt wurde:

Daß

(*ff*) Seine Schriften sollen seyn: die Argonautica, Hymni und Præcepta de Lapidibus. Die neueste Ausgabe soll zu Utrecht 1689. von Andr. Christ. Eschenbach mit gelehrten Anmerkungen heraus gekommen seyn.

(*gg*) Zu jener Zeit als diese Männer lebeten, wurden die gelehrten Leute vergöttert. Und eben dieses ist die Ursache, warum alles so fabelhaft läßt. Wer weis es? Vielleicht haben die Poeten der künftigen Jahrhunderte Stof genug unsere heutigen Virtuosen als Götter zu besingen? Denn es scheint wirklich, als wenn die alten Zeiten wieder kommen möchten. Man pflegt (wie man sagt) dermal schon an vielen Orten, die Gelehrten und Künstler, mit lauter Bravo fast zu vergöttern, ohne sie mit einer andern gebührenden und nachdrücklichen Belohnung zu beehren. Allein, dergleichen magere Lobeserhebungen sollten den Herrn Virtuosen auch eine Natur der Götter einflösen, und ihre Leiber verklären, damit sie von himmlischen Einbildungen leben könnten, und nimmer einer zeitlichen Nothwendigkeit bedürfen.

Der Einleitung zweyter Abschnitt.

Daß Vernunft und Gehör zugleich urtheilen sollen. Die Ehre dieser Vermittelung wird von einigen dem Ptolomäus, von andern dem Didymus zuerkannt: obwohl auch einige sind, die den Didimus selbst für einen Aristoxener halten. Inzwischen soll sich doch die pythagorische Lehrart 5 bis 600 Jahre in Griechenland erhalten haben. Die, so des Pythagors Meinung beypflichteten, wurden Canonici, die Aristoxener aber Harmonici genannt *(hh)*. Von dieser Zeit bis auf die gnadenreiche Geburt unsers Erlösers, und etwa hernach bis gegen das Jahr 5000., ja gar bis gegen das Jahr Christi 1000, hat man zwar da und dort in der Musik etwas zu verbessern gesucht; man hat mehrere Töne ausgedacht, wie Ptolomäus die grosse Terz, und ein gewisser Olimpus einige Zwischentöne *(ii)*. Doch ist in der Hauptsache nichts geändert worden. Es hat zwar auch gegen das Jahr Christi 502., oder 515 Boetius, ein edler Römer, die griechische Musik, so viel an ihm war, zu den Lateinern gebracht, viele griechische Schriften in die lateinische Sprache übersetzet, und, wie viele glauben, anstatt über die griechischen, nun über die lateinischen Buchstaben zu singen angefangen. Nicht weniger hat der Heil. Pabst Gregor der Grosse, etwa im Jahre Christi 594. sich in Verbesserung der Musik recht sehr viele Mühe gegeben; Er hat, um die Musik in eine bessere Ordnung zu bringen, die unnöthigen Buchstaben weggeschaft, und dadurch die Musik um vieles erleichtert; Ihm hat man den gregorianischen Kirchengesang zu verdanken, u. s. f. Doch blieb es noch immer im Grunde bey der griechischen Musik, bis endlich Guido von Arrezo eine sogenannte neuere Musik erfand; und zwar im Jahr Christi 1024. oder vielleicht, nach anderer Meinung 1224: die aber noch neuer und lebhafter wurde durch die Erfindung eines gewissen gelehrten Franzosen, Jean de Murs, oder Johann von der Mauer, welcher die Musik in ein ganz anderes Licht gesetzet hat *(kk)*. Diese merkliche Veränderung soll sich nach einiger Meinung um das Jahr Christi 1220, oder wie andere wollen 1330. oder gar 1353. zugetragen

(hh) **Pythagoras** mag etwa um das Jahr der Welt 3430. Aristoxen aber im 3620sten gelebt haben.

(ii) Ptolomäus hat zwar das wahre Verhältniß der grossen Terz gefunden; es war aber nur im harmonischen Geschlechte brauchbar. Joseph Zarlin, ein Italiener, hat erst das Verhältniß der grossen und kleinen Terz gefunden.

(kk) Guido war ein Benedictiner im Kloster Pomposa in dem ferrarischen Gebiethe. Er wurde Arretinus genannt: weil er zu Arrezo in Welschland gebohren war. Was er, und Johann von der Mauer eigentlich in der Musik gethan, wird im ersten Hauptstücke in etwas beygebracht werden.

Der Einleitung zweyter Abschnitt.

tragen haben. Man hat es nach der Hand gewagt, immer etwas beyzusetzen, und endlich ist sie nach und nach zu einer so schönen Gestalt gekommen, in welcher man sie heut zu Tage bewundert. Unter den ältesten Schriftstellern sind die, welche vorhin vom Boetius, in letztern Zeiten aber jene, welche von dem Maibom aus dem Griechischen ins Lateinische sind übersetzet worden. (*ll*) Dem ist Wallis gefolget, welcher zu Oxfort in Engelland im Jahre 1699 die übrigen griechischen Schriftsteller gleichfalls griechisch und lateinisch herausgegeben hat. (*mm*) Glareau, Zarlin, Bontemps, Zacconi, Galilei, Gaffur, Kepler, Vogt, Neidhardt, Euler, Scheibe, Prinz, Werkmeister, Fux, Mattheson, Mizler, Spies, Marpurg, Quanz, Riepel, und andere mehr, die ich aber nicht kenne, oder die mir itzt nicht gleich beyfallen, sind lauter Männer, die sich durch ihre Schriften um die Musik bey der gelehrten Welt ungemein verdient gemacht haben. Es sind aber lauter theoretische Schriften. Wer practische Schriftsteller sucht, kann derer viele hundert finden, wenn er sich nur in den Wörterbüchern Brossards und Walthers umsieht. Der erste hat sein Buch französisch, der andere deutsch geschrieben: und beede haben sich damit Ehre gemacht.

§. 6.

Nun will ich mit meiner Untersuchung fortfahren, und inzwischen den Merkur vor den Erfinder der Saiteninstrumente angeben; bis gleichwohl ein anderer ein mehreres Recht dazu erweiset. Es kommen die alten und neuen Schriften völlig überein, daß, nachdem einsmals der über seine Gränzen ausgetretene Nilfluß ganz Egypten überschwemmet hatte, endlich aber in sein Lager wieder zurück geflossen war, Merkur unter den ausgeschwemmten und auf den

---

(*ll*) Marcus Meibomius hat den Aristoxenum, Euclidem, Nicomachum, Alypium, Gaudentium, Bachium, Aristidem Quintilianum und das neunte Buch Martiani Capellæ griechisch und lateinisch zu Amsterdam Anno 1652. in Quart heraus gegeben.

(*mm*) Wer sich die Geschichte und Lehrsätze der alten und neuen Musik mehr bekannt machen will, der lese Marburgs Einleitung in die Geschichte und Lehrsätze der alten und neuen Musik; und in Mizlers musikalischer Bibliothek wird er vieles finden.

Der Einleitung zweyter Abschnitt.

den Wiesen und Feldern zurück gebliebenen Thieren eine Schildkröte gefunden habe, in deren Schale nichts mehr, als die ausgetrockneten Nerven oder Spannadern noch übrig waren. Diese, da sie bey deren Berührung, nach der Verschiedenheit ihrer Länge und Dicke, auch verschiedene Töne von sich gaben, sollen den Merkur zur Erfindung eines dergleichen Instruments veranlasset haben. (*nn*). Und dieß war die so berufene Leyer der Alten, und das erste Saiteninstrument, (*oo*) aus welchem nach der Hand durch Vermehrung der Saiten, deren anfänglich nur 3 bis 4 waren, und durch die Abänderung der Gestalt viele andere Instrumente entstanden sind. Zu dessen mehrerem Beweise dienet uns das Wort Chelys, durch welches man im Lateinischen eine Geige und oft durch Chelysta einen Geiger ausdrücket. Da es nun aber im Grunde griechisch ist, und χέλυς eine Schildkröte heißt, (*pp*) nicht weniger vor die Leyer des Merkur genommen wird: (*qq*) was läßt uns zweifeln, daß unsere heutige Geiginstrumente von dem Merkur, von der gefundenen Schildkröte, und endlich von der so oft benennten Leyer abstammen?

§. 7.

Daß man aber, wie heut zu Tage, mit Darmsaiten die Instrumente bezogen habe, davon finden wir gründliche Anzeigen. (*rr*) Das lateinische Chorda, italiänische Corda, und französische la Chorde sind alle von dem griechischen χορδή geborget, welches das eigentliche Wort ist, mit welchem die Mediciner das Ingeweide oder die Gedärme benennen; (*ss*) da es doch in jeder der ietzt angeführten Sprache eine Saite heißt: weil nämlich die Saiten meistentheils aus den Gedärmen der Thiere verfertiget werden.

§. 8.

(*nn*) Polidorus Vergilius p. 51 Roberti Stephani Thes. Ling. Lat. sub Voce Chelys.
(*oo*) Dizionario univers. di Efraimo Chambers sub voce Lyra. p. 187. & 188.
(*pp*) Joannis Scapulæ Lexicon Græco-Latinum.
(*qq*) Rob. Steph. Thes. Ling. Lat. loco jam cit.
(*rr*) Homer aus dem Lobgesange des Merkur ::: Ἑπτὰ δὲ συμφώνους ὄϊων ἐτανύσατο χορδάς:
Aber sieben durch richtige Verhältnisse unter sich übereinstimmende Saiten, die von angezogenen Schafdärmen gemacht sind. Und Horaz spricht vom Merkur. Tuque testudo resonare septem callida Nervis.
(*ss*) Dizion. univers. di. Efr Chambers sub Voce Chord pa. 212.

Der Einleitung zweyter Abschnitt.

§. 8.

Nun ist noch zu untersuchen übrig: ob auch die Klingzeuge der Alten mit einem Bogen gestrichen worden. Wenn wir dem Glaream glauben, so ist so gar die liebe Leyer gegeigt worden; denn er sagt, da er von einem Instrumente, so Tympani Schizan heißt, redet, folgende Worte: - - - arcu, quo Lyra Chordas hordie equinis fetis, pice illitis, radunt verius quam verberant, pulsatur aut verlitur potius (*tt*). Was ist dieß anders, als ein mit Pferdshaaren bezogener, und mit Pech beschmierter Geigebogen? und will es uns etwas anders sagen, als daß die Leyer gegeigt, oder vielmehr nach ihrer Art gekratzet worden? Es finden sich auch neuere Schriften, die dieser Meinung sind; (*uu*) Und wenn wir es mit dem Tevo halten, so bleibt uns kein Zweifel mehr übrig. Ja wir wissen so gar den Erfinder der Violin und des Geigebogens; da er sagt: Die Violin ist von dem Orpheus dem Sohn des Apollo erfunden worden; und die Dichterinn Sappho hat den mit Pferdhaaren bespannten Bogen erdacht, und war die erste, welche nach heutiger Art gegeigt hat. (*xx*) Da wir also, nach diesem Ausspruche, dem Apollo die eigentliche Erfindung der Violin, der Dichterinn Sappho die Art selbige mit dem Bogen zu streichen, aus dem ganzen wissentlichen Hergang der Sache aber dem Merkur den Ursprung aller Geiginstrumente zu verdanken haben.

(*tt*) Glareanus in Dodecachordi Libro I. C. 17. pag. 49. Er schrieb dieß sein ΔΩΔΕΚΑΚΟΡΔΟΝ im Jahre Christi 1547.
(*uu*) Dizion. Univerſ. di Efr. Chambers. pag. 188.
(*xx*) Tevo. P. I. C. 12. p. 11.

Erstes

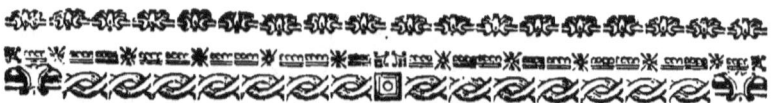

Erstes Hauptstück.

Des ersten Hauptstücks.
erster Abschnitt.

Von den alten und neuen musikalischen Buchstaben und Noten, wie auch von den itzt gewöhnlichen Linien, und Musikschlüsseln.

§. 1.

Es ist nothwendig, daß ein Anfänger, bevor der Lehrmeister ihm die Geige in die Hände läßt, nicht nur das gegenwärtige, sondern auch die beyden folgenden Hauptstücke dem Gedächtnisse vollkommen einpräge: da widrigenfalls, wenn der lehrbegierige Schüler gleich nach der Violin die beyden Hände strecket; ein und anderes Stück geschwind nach dem Gehör abzuspielen erlernet; den Grund nur obenhin beschauet, und mit Unbedacht über die ersten Regeln weg siehet, er alsdann auch das Versäumte gewiß nimmermehr nachholet, und folglich sich selbst dadurch in dem Weg

stehet

Des ersten Hauptstücks, erster Abschnitt.

stehet zu einem vollkommenen Grad der musikalischen Wissenschaften zu gelangen.

§. 2.

Alle unsere Erkenntniß entstehet von dem Gebrauche der äusserlichen Sinnen. Es müssen also nothwendig gewisse Zeichen seyn, welche durch unsere Sehungskraft den Willen augenblicklich dahin antreiben, entweder mit der natürlichen Menschenstimme, oder auf unterschiedlichen Klingzeugen, nach dem Unterschied der Zeichen, auch verschiedene Töne hervorzubringen.

§. 3.

Die Griechen sorgen über ihre Buchstaben, welche sie bald liegend, bald stehen, bald nach der Seite, und auch umgekehrt hinsetzten. Sie hatten derselben bey 48, und bedienten sich keiner Linien; sondern jede Singart hatte ihre besondere Buchstaben, neben welche sie Puncte setzen, um dadurch das Zeitmaaß anzuzeigen. (a) Diese Puncte geben den Alten viel zu schaffen: und sie hatten hauptsächlich zu 3 bis 4 Bedeutungen, nämlich: Punctum Perfectionis, Divisionis, Incrementi, & Alterationis. (b)

§. 4.

Der heilige Papst Gregor hat die Buchstaben abgekürzet. Er hat die folgende sieben erwählet, A, B, C, D, E, F, G, und hat sie auf 7. Linien gesetzet, aus deren Höhe und Tiefe man die Verschiedenheit der Töne erkennen konnte. Jede Linie hatte folglich ihren Buchstaben: und man sang auch über diese Buchstaben.

§. 5.

Bey 500 Jahre hernach kam Guido und nahm eine merkliche Veränderung vor. Er bemerkte, daß es sehr beschwerlich fiel, die Buchstaben auszusprechen: er veränderte sie also in 6 Sylben; die aus der ersten Strofe des

---

(a) Gaffurius in seiner Practica Musicæ, Lib. 2. C. 2. Man lese auch den Marcum Meibomium.
(b) Zarlin. P. 3. C. 70. Glarean. L. 3. C. 4. Artusi l'Arte del Contrapunto. p. 71.

auf das Fest des heiligen Johannes des Täufers gemachten Lobgesanges entnommen, nämlich: ut, re, mi, fa, sol, la:

Ut queant Laxis,   *re* sonare fibris
mi ra gestorum,   *fa* muli tuorum
sol ve polluti,   *la* bii reatum
                      Sancte Ioannes! (c)

§. 6.

Hierbey blieb es nicht. Er veränderte nach der Hand auch die Sylben in grosse Puncte, die er auf die Linien setzte, und die Sylben oder Wörter darunter schrieb. Ja er gieng noch weiter; und es fiel ihm bey die grossen Puncte auch in den Zwischenraum zu setzen. (d) Dadurch ersparte er auch zwo Linien: denn er setzte die vormaligen 7 Linien wirklich auf 5 herunter. Dies hieß nun zwar viel gethan; doch blieb die Musik wegen dergleichen Puncte noch langsam und schläfrig.

§. 7.

Diese Beschwerniß überwand Johann von der Mauer. (e) Er veränderte die Puncte in Noten; und dadurch entstand endlich eine bessere Eintheilung und ein Zeitmaas, so man vorher nicht hatte. Anfänglich erfand er die folgenden 5 Figuren:

Maxima,   *Longa,*   *Brevis,*   *Semibrevis,*   *Minima.* (f)

Man wagte es nach der Hand diese fünf Figuren mit noch zwo andern zu vermehren: nämlich mit einer Semiminina und mit einer Fusa, z. E. man

---

(c) Angelo Berardi hat es in eine Zeile geschlossen: *ut relevet miserum fatum solitosque labores.*

(d) Von diesen Puncten ist das Wort Contrapunct entstanden, welche Art der Composition ein jeder verstehen muß, der ein rechtschaffener Componiste heissen will.

(e) Was Guido und Johann von der Mauer für Leute gewesen, ist in der Einleitung schon gesagt worden.

(f) Glareanus L. 2. C. 1.

man machte aus der Minima eine Semiminima, da man sie schwarz ausfüllte: ♦ oder man ließ sie weiß; sie bekam aber oben ein kleines Häckel. ◊
Auf eben diese Art wurde die Fusa schwarz vorgestellet; oben aber durch ein Häckel von der Semiminima unterschieden: ♦ oder man ließ sie auch weiß; doch bekam sie 2 Häckel. ◊ Die Instrumentisten nahmen sich endlich die Freyheit, auch sogar die Fusam zu zertheilen, und eine Semifusam zu erfinden. Sie war freylich bald erfunden. Man strich die schwarze Note zweymal; ♦ oder, wenn sie weiß blieb, strich man sie dreymal. ◊ (g) Endlich ist mit dem Anwachs der Jahre auch die Musik immer gestiegen, und mit langsamen Schritten durch viele Mühe zu dem heutigen Grade der Vollkommenheit (h) empor gestiegen.

§. 8.

Fünf Linien sind es, auf welche wir itzt unsere Noten setzen, und die uns gleich einer Stiege das Aufsteigen und Absteigen der Töne zu erkennen geben. Es werden sowohl unter diese 5 Linien, als auch über dieselben noch andere gezogen: wenn nämlich die Höhe oder Tiefe des Instruments und der Melodie solches erfordert.

§. 9.

Jedes Instrument wird an einem Zeichen erkennet, welches man den Schlüssel nennet. (i) Dieser Schlüssel steht allezeit auf einer Linie. Er führt einen gewissen

---

(g) Glareanus, eodem loco.
(h) Man stosse sich nicht an dem Worte: Vollkommenheit. Wenn wir genau und nach der Schärfe darein sehen, so sind freylich noch Stuffen über uns. Doch glaube ich, wenn es wahr wäre, daß die griechische Musik die Krankheiten geheilet hätte: so müßte unsere heutige Musik unfehlbar gar die Erblaßten aus ihrem Sarge rufen.
(i) Das Wort Schlüssel ist hier metaphorisch genommen. Denn gleichwie ein aus Eisen gemachter Schlüssel das Schloß, zu dem er gemacht ist, aufschließt; also eröffnet uns der musikalische Schlüssel den Weg zu dem Gesange, zu welchem er bestimmet ist.

24 Des ersten Hauptstücks, erster Abschnitt.

gewissen Buchstaben, aus dem wir den Gesang und die Folge der Musikleiter erkennen. Man wird es an seinem Orte klärer sehen. Hier sind die Schlüssel:

Der Diskant, der Alt, und der Tenor haben ihren Schlüssel im (C) folglich was höher hinauf geht heißt (D) (e) (f) ꝛc. Der Baß hat ihn im (F) was herunter geht heißt also (e) (d) und so fort: hinauf aber (g) (a) und so weiter. Der Violinschlüssel hat seinen Sitz im (G), wie wir bey der Erklärung der Buchstaben sehen werden.

§. 10.

Es kann sich aber die Violin dieses Schlüssels nicht allein rühmen: denn es bedienen sich dessen auch verschiedene andere Instrumente, als da sind: die Trompete, das Jägerhorn, die Zwerchflaute und alle dergleichen Blasinstrumente. Und obwohl sich die Violin, theils durch die Höhe und Tiefe, theils auch durch solche Passagen unterscheidet, die nur der Violin eigen sind: (h) so würde es doch sehr gut seyn, wenn man den Schlüssel wenigstens bey der Trompete und bey dem Jägerhorn versetzete. Aus dieser Versetzung könnte man doch alsobald wissen, ob man ein C oder D Trompete, und ob man ein c, d, f, g oder a Horn u. s. f. nöthig hat. Man könnte es also setzen:

(h) Dieß ist ein merklicher Punct. Man sieht gleich aus dem Satze ob der Setzer die Natur des Instruments verstehet. Und wer sollte nicht lachen, wenn man z. E. auf der Violin solche Gänge, Sprünge und Verdoppelungen abgreifen soll, da zu noch 4 andere Finger nöthig wären?

Des erſten Hauptſtücks,

Der Schlüſſel bleibt allezeit im G: und wenn man , in dem Zwiſchenraum, wo das gewöhnliche c der Violin ſteht; ſo wird man auch wiſſen, was für Herrn der Schlüſſel anzeiget. Man hat auf dieſe Art in vorigen Zeiten ſehr oft den Violinſchlüſſel um 3. Töne herunter geſetzt, um die gar zu hohen Stücke füglicher zu Papier zu bringen. Alsdann hieß es der franzöſiſche Schlüſſel: z. E.

franzöſiſch.

§. 11.

Die Noten ſind muſikaliſche Zeichen, welche durch ihre Lage die Höhe und Tiefe, durch ihre Geſtalt aber die Länge oder Kürze, das iſt, die Dauer derjenigen Töne anzeigen, die wir mit der menſchlichen Stimme, oder auf dazu verfertigten Klingzeugen hervorzubringen bemühet ſind. Hier ſind die heutigen Noten, ſamt ihrer Benennung.

§. 12.

Man hat die 7 gregorianiſchen Buchſtaben bis dieſe Stunde in der Muſik beybehalten, durch welche die Noten nach ihrer Lage, und folglich die Töne, der Benennung nach, unterſchieden werden. Sie ſind alſo folgende: A, B, C, D, E, F, G, welche allezeit wiederholet werden.

§. 13.

26 Des ersten Hauptstücks, erster Abschnitt.

§. 13.

Die Violin hat 4. Saiten, deren jede ihre Benennung von einem dieser 7. Buchstaben hat. Nämlich:

Die klein e oder feineste Saite heißt (E); die neben ihr etwas größere (A); die folgende (D); und die stärkeste heißt (G).

§. 14.

Um nun mehrere Töne hervorzubringen, muß man die Saiten mit den Fingern belegen. Dieses geschiehet aber in folgender Ordnung:

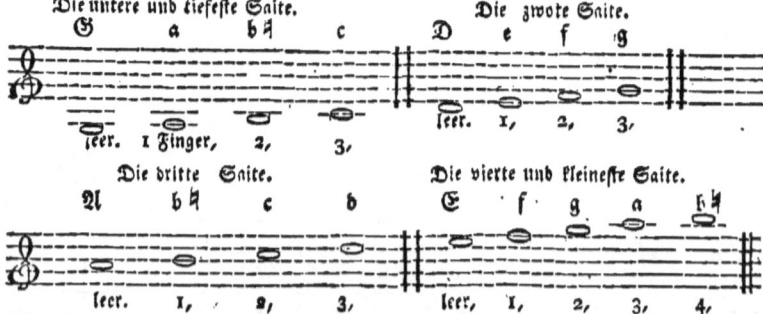

Man sieht hier ganz klar die mit den großen Buchstaben bemerkten 4. leeren Saiten, und nach jeder die mit den Fingern auf denselben zu nehmenden übrigen Töne; welche sich der Schüler wohl in das Gedächtniß fassen muß; damit er ohne die Buchstaben auf den Noten zu sehen, und ohne vieles Nachdenken alsogleich weis, was für einen Buchstabsnamen jede Note führet, sie stehe wo sie wolle. Nicht minder ist hier wohl anzumerken, daß das unter den 7. Buchstaben vorkommende, und mit dem Zeichen (♮) bemerkte B, oder (b♮) bisher meistens mit dem Buchstaben (H) ist benennet worden. Wovon man die Ursache an seinem Orte lesen wird.

Des

Des ersten Hauptstücks
Zweyter Abschnitt.
Von dem Tacte, oder musikalischen Zeitmaaße.

§. 1.

Der Tact macht die Melodie: folglich ist er die Seele der Musik. Er belebt nicht nur allein dieselbe; sondern er erhält auch alle Glieder derselben in ihrer Ordnung. Der Tact bestimmet die Zeit, in welcher verschiedene Noten müssen abgespielet werden, und ist dasjenige, was manchem, der sonst in der Musik schon ziemlich weit gekommen ist, auch wieder seine von sich selbst hegende gute Meinung öfters noch mangelt; welcher Mangel von der anfänglichen Vernachlässigung des Tactes herrühret. Es ist also an dem musikalischen Zeitmaaße alles gelegen: und der Lehrmeister hat seine größte Mühe mit Geduld dahin anzuwenden, daß der Schüler solches mit Fleiß und Obachtsamkeit rechtschaffen ergreife.

§. 2.

Der Tact wird durch das Aufheben und Niederschlagen der Hand angezeiget; nach welcher Bewegung alle zugleich singende und spielende Personen sich zu richten haben. Und gleichwie die Mediciner die Bewegung der Pulsadern mit dem Name Systole und Diastole benennen (a): also heißt man in der Musik das Niederschlagen Thesin das Aufheben der Hand aber Arsin (b).

§. 3.

Bey der alten Musik hatte man unterschiedliche Meinungen: und es war alles in grosser Verwirrung. Man bemerkte den Tact durch ganze Cirkel und halbe

---

(q) Συστολή, Διαστολή

(a) Θέσις, Ἄρσις Giuseppe Zarlino Cap. 49. Es kommt unfehlbar von τίθημι, pono; und von αἴρω, tollo.

28 Des erſten Hauptſtücks, zweyter Abſchnitt.

be Cirkel, die theils durchſchnitten theils umgewendet, theils aber bald von innen, bald von auſſen durch einen Punct unterſchieden waren. Da nun aber ſolches ſchimmlichtes Zeug hieher zu ſchmieren gar zu nichts mehr dienlich iſt: ſo werden die Liebhaber an die alten Schriften ſelbſt angewieſen (c).

§. 4.

Der heutige Tact wird in den gleichen und ungleichen vertheilet, und am Anfange eines jeden Stückes angezeiget. Der gleiche Tact hat zween Theile (d); der ungleiche hingegen hat 3 Theile. Damit aber die Gleichheit dem Schüler begreiflicher wird; ſo wird der gleiche oder der ſogenannte gerade Tact in vier Theile eingetheilt, und darum auch der Viervierteiltact genennet. Sein Zeichen iſt der lateiniſche C Buchſtabe. Hier ſind alle itzt gewöhnliche Gattungen der Tacte.

Dieſe Gattungen der Tacte ſind ſchon hinlänglich, den natürlichen Unterſchied einer langſamen und geſchwinden Melodie einigermaſſen anzuzeigen, und auch demjenigen

(c) Dergleichen Unterhaltung ſieht man unter andern bey Glarean, L. 3. C. 5. 6. & 7. Man leſe auch den ..., pag. 59, 67, & ſeq. und den Froſchium C. 16.

(d) Daß der gerade Tact hauptſächlich nur zweytheilig ſey, muß ein guter Componiſt am beſten wiſſen: denn wie ſchlecht lobt das Werk den Meiſter, wenn mancher in dem zweyten oder vierten Gliede ſeine Cadenze ſchließt. Nur in wenigen und beſonders in Bauerntänzen, oder andern ausſchweifenden Melodien wird es entſchuldiget.

jenigen der den Tact schlägt, seine Bequemlichkeit zu verschaffen (e). Denn in einem Zwölfachttheiltacte wird eine geschwindere Melodie angebracht, als in dem Dreyachttheiltacte; weil dieser in dem geschwindesten Tempo nicht kann geschlagen werden, ohne die Zuschauer zum Gelächter zu bewegen: sonderheitlich wenn man die ersten zwey Viertheile durch starke Erhebung der Hand unterscheiden wollte.

§. 5.

Unter diesen Tacten ist der gerade Tact der Haupttact, auf welchen sich alle die übrigen beziehen: Denn die obere Zahl ist der Zähler; die untere aber der Nenner. Man spreche also: Von den Noten, deren vier auf den geraden Tact gehen, kommen zwo auf den Zweyviertheiltact. Man sieht daraus, daß der $\frac{2}{4}$ Tact nur zween Theile hat, nämlich, den Aufstrich und Niederstrich. Und weil 4 schwarze oder Viertheilnoten auf den geraden Tact gehen, so müssen derselben zwo auf den $\frac{2}{4}$ Tact kommen. Auf diese Art werden alle Tacte untersucht. Denn eben also sieht man bey dem ganzen Trippel $\frac{3}{4}$, daß von den Noten, deren eine auf den geraden Tact kommt, nothwendig drey auf den $\frac{3}{4}$ Trippel kommen müssen; welches man in dem folgenden Abschnitte klärer einsehen wird.

§. 6.

Der Allabreve ist eine Abkürzung des geraden Tactes. Er hat nur zween Theile, und ist nichts anders, als der in zween Theile gebrachte Vierviertheiltact: daß folglich zwey Viertheile auf eins zu stehen kommen. Das Zeichen des Allabreve ist der Durchstrichene C Buchstabe: ₵. Man pflegt in diesem Tacte wenige Auszierungen anzubringen (f).

D 3 §. 7.

(e) Die Herren Kunstrichter werden sich ja nicht daran stoßen, wenn ich die $\frac{4}{8}$ $\frac{6}{8}$ $\frac{9}{8}$ $\frac{12}{8}$ $\frac{12}{16}$ $\frac{24}{16}$ $\frac{3}{2}$ Tacte weg lasse. In meinen Augen sind sie ein unnützes Zeug; man findet sie in den neuern Stücken wenig oder gar nicht; und man hat wirklich Tactveränderungen genug alles auszudrücken, daß man dieser letztern nicht mehr benöthiget ist. Wer sie liebt, der mag sie mir Haut und Haare nehmen. Ja ich würde den ganzen Trippel auch noch gerne dazu schenken, wenn er mich nicht noch aus einigen alten Kirchenstücken traurig anschauete.

(f) Die Welschen nennen den geraden Tact: Tempo minore; den Allabreve aber Tempo maggiore.

§. 7.

Dieß ist aber nur die gewöhnliche mathematische Eintheilung des Tacts, welche wir eigentlich das Zeitmaaß und den Tactschlag nennen (g). Nun kommt es noch auf eine Hauptsache an: nämlich, auf die Art der Bewegung. Man muß nicht nur den Tact richtig und gleich schlagen können: sondern man muß auch aus dem Stücke selbst zu errathen wissen, ob es eine langsame oder eine etwas geschwindere Bewegung erheische. Man setzet zwar vor jedes Stück eigens dazu bestimmte Wörter, als da sind: Allegro, lustig; Adagio, langsam, u. s. f. Allein das Langsame sowohl als das Geschwinde und Lustige hat seine Stuffen. Und wenn auch gleich der Componist die Art der Bewegung durch Beyfügung noch anderer Beywörter und Nebenwörter deutlicher zu erklären bemühet ist: so kann er doch unmöglich jene Art auf das genaueste bestimmen, die er bey dem Vortrage des Stückes ausgedrücket wissen will. Man muß es also aus dem Stücke selbst herleiten: Und hieraus erkennet man unfehlbar die wahre Stärke eines Musikverständigen. Jedes melodisches Stück hat wenigstens einen Satz, aus welchem man die Art der Bewegung, die das Stück erheischet, ganz sicher erkennen kann. Ja oft treibt es mit Gewalt in seine natürliche Bewegung; wenn man anders mit genauer Achtsamkeit darauf siehet. Man merke dieses, und wisse aber auch, daß zu dieser Erkenntniß eine lange Erfahrung, und eine gute Beurtheilungskraft erfordert werde. Wer wird mir also widersprechen, wenn ich es unter die ersten Vollkommenheiten der Tonkunst zähle?

§. 8.

Man muß demnach bey der Unterweisung eines Anfängers keine Mühe sparen, ihm den Tact recht begreiflich zu machen. Dazu wird sehr dienlich seyn, wenn der Lehrmeister dem Schüler öfters die Hand zum Tacte führet; alsdann aber ihm ein und andere Stücke von verschiedener Tactart und abwechselnder Bewegung vorspielet, und den Lehrling den Tact ganz allein dazu schlagen läßt; um zu versuchen, ob er die Abtheilung, Gleichheit, und endlich auch die Veränderung der Bewegung verstehet. Geschieht dieses nicht; so wird der Anfänger manches Stück schon fertig nach dem Gehör wegspielen, ohne einen guten Tact schlagen zu können. Und wem wird es nicht lächerlich scheinen, wenn ich ihm sage, daß ich selbst einen gesehen, der, ob er gleich die Violin schon ziemlich gut spielte, doch den Tact, sonderbar zu langsamen Melodien, unmöglich hat schlagen.

(g) Tempus, Mensura, Tactus. *Lat.* Battuta. *Ital.* La Mensure. *Franc.*

Des ersten Hauptstücks, zweyter Abschnitt.

gen können? Ja, daß er vielmehr, anstatt die Viertheile mit der Hand richtig anzuzeigen, alle Noten, die man ihm vorgespielet, mit gleicher Bewegung der Hand nachgeahmet, bey aushaltenden Noten ausgehalten, bey laufenden gleichsam auch mitgelaufen, und mit einem Worte alle Bewegungen der Noten mit gleicher Bewegung der Hand nach dem Gehör ausgedrücket hat? Wo kömmt dieß anders her, als wenn man dem Schüler gleich die Geige in die Hände läßt, bevor er genugsam unterrichtet worden? Man lehre ihn also vorher jedes Viertheil des Tactes, mit Ernst, mit Gleichheit, mit Geiste und Eifer recht schlagen, ausdrücken und unterscheiden; hernach wird er die Violin mit Nutzen zur Hand nehmen.

§. 9.

Die Anfänger werden auch nicht wenig verderbet, wenn man sie an das beständige Abzählen der Achttheilnoten gewöhnet. Wie ist es möglich, daß ein Schüler, dem sein Meister mit solchen Irrlehren bange macht, in einem nur etwas geschwindern Zeitmaaße fortkomme, wenn er jede Achttheilnote abzählet? Ja was noch ärger! wenn er alle Viertheilnoten und so gar auch die halben Noten in einfachen Fuselln in der Stille abtheilet, mit merklichem Nachdruck des Bogens unterscheidet, und auch (wie ich es selbst gehört habe) mit lauter Stimme herzählet, oder gar mit dem Fuße so selbst Schläge niederstößt? Man will sich zwar entschuldigen, daß diese Art zu unterweisen nur aus Noth ergriffen werde: um einen Anfänger eher zu einer gleichen Eintheilung des Tactes zu bringen. Allein dergleichen Gewohnheiten bleiben; und der Schüler verläßt sich darauf und kommt endlich dahin, daß er ohne diese Abzählung keinen Tact richtig wegspielen kann (h). Man muß ihm also erst die Viertheile recht beyzubringen suchen, und alsdann die Unterweisung dahin einrichten, daß der Anfänger jedes Viertheil mit genauer Gleichheit in Achttheile, die Achtheile in Sechzehntheile u. s. f. verändern kann. In dem folgenden Hauptstücke wird es durch Beyspiele klärer vor Augen gestellet werden.

§. 10.

(h) Man muß freylich zu Zeiten auf ganz besondere Mittel denken, wenn man Leuten, die keine natürliche Fähigkeit haben, etwas beybringen soll. Eben also mußte ich einsmals eine ganz besondere Notenerklärung erfinden. Ich stellte nämlich die ganzen Noten als sogenannte Batzen oder 4 Kreuzerstücke vor, die halben Noten durch halbe Batzen, die Viertheilnoten durch die Kreuzer, die einfachen Fuselln durch die halben Kreuzer oder Zweenpfenniger, die doppelten Fuselln als Pfennige, und endlich die dreyfachen Fuselln als Häller. Läßt dieß nicht recht lächerlich? Und so lächerlich und einfältig es immer klingt, so half es doch: Denn dieser Saamen hatte das richtigste Verhältniß mit der Erde, in die er geworfen wurd.

§. 10.

Manchesmal verhält zwar der Lehrling die Vierteltänge; es ist aber mit der Gleichheit des Tactes nicht richtig. Man gebe Achtung auf das Temperament des Schülers, sonst wird er auf seine Lebenstage verdorben. Ein frischer, lustiger, hitziger Mensch wird allzusehr eilen: ein trauriger, trauriger, ein tiefsinniger Bursche wird immer zögern. Läßt man einen Menschen von viel Feuer und Geblüte, gleich geschwinde Stücke abspielen, bevor er sie dieselben genau nach dem Tacte vorzutragen weis; so wird ihm das Eilen lebenslänglich anhängen. Legt man hingegen einen traurigen und schwermüthigen Maulhänger nichts als langsame Stücke vor; so wird er allezeit ein Spieler ohne Geist, ein schläfriger und betrübter Spieler bleiben. Man kann dennoch solchen Fehlern, die von dem Temperamente herrühren, durch eine vernünftige Unterweisung entgegen stehen. Den Hitzigen kann man mit langsamen Stücken zurück halten und seinen Geist nach und nach dadurch mäßiger: den langsamen und schläfrigen Spieler aber, kann man mit fröhlichen Stücken ermuntern, und endlich mit der Zeit aus einem Halbtodten einen Lebendigen machen.

§. 11.

Ueberhaupt soll man einem Anfänger nichts Hartes vorlegen, bevor er nicht das Leichte rein wegspielen kann. Man soll ihm ferner keine Menueten oder andere melodiöse Stücke geben, die ihm leicht in dem Gedächtnisse bleiben: sondern man lasse ihn anfangs Mittelstimmen von Concerten, wo Pausen darinn sind, oder auch fugirte und mit einem Worte solche Stücke vor sich nehmen, die er mit genauer Beobachtung alles dessen, was ihm zu wissen nothwendig ist, abspielen und folglich zu Tage legen muß, ob er die ihm vorgetragenen Regeln verstehe oder nicht. Widrigenfalls wird er sichs angewöhnen, alles nach dem Gehör auf Gerathewohl abzuspielen.

§. 12.

Der Schüler muß sich sonderbar befleissen, alles was er spielt, in dem nämlichen Tempo zu enden, in welchem er es angefangen hat. Er beugt dadurch jenem gemeinen Fehler vor, den man bey vielen Musiken beobachtet, deren Ende viel geschwinder als der Anfang ist. Er muß sich also gleich anfangs in eine gewisse vernünftige Gelassenheit setzen; und besonders wenn er schwerere Stücke zur Hand nimmt, muß er dieselben nicht geschwinder anfangen, als er sich getrauet, die darinn vorkommenden stärkern Passagen richtig wegzuspielen. Er muß die schweren Passagen öfters und besonders üben, bis er endlich eine Fertigkeit erhält, das ganze Stück in einem rechten und gleichen Tempo hinauszubringen.

Des

Des ersten Hauptstücks
dritter Abschnitt.
Von der Dauer oder Geltung der Noten, den Pausen und Punkten; sammt einer Erklärung aller musikalischen Zeichen und Kunstwörter.

§. 1.

Die Gestalt der heutigen Tages üblichen Noten ist in dem vorigen Abschnitte bereits vor Augen gelegt worden. Nun sind auch die Dauer oder Geltung der Noten, deren Unterschied, die Gestalt der Pausen, u. s. w. noch zu erklären übrig. Ich will Anfangs von der Pause reden; alsdann aber beides, Noten und Pausen, mit einander vereinbaren, und unter jede Note jene Pause setzen, die mit derselben in gleichem Verhältnisse steht.

§. 2

Die Pause ist ein Zeichen des Stillschweigens. Es sind drey Ursachen, warum die Pause als eine nothwendige Sache in der Musik erfunden worden. Erstens, zur Bequemlichkeit der Sänger und Blasinstrumentisten, um ihnen Zeit zu lassen etwas auszuruhen, und Athem zu holen. Zweytens, aus Nothwendigkeit: weil die Wörter in den Singstücken ihren Absatz erfordern; und weil in mancher Composition eine oder die andere Stimme öfters stille halten muß, wenn anders die Melodie nicht soll verdorben und unverständlich gemacht werden. Drittens, aus Zierlichkeit. Denn gleichwie ein beständiges Anhalten aller Stimmen den Singenden, Spielenden und Zuhörenden, nichts als Verdruß verursachet: also erwecket eine liebliche Abwechselung vieler Stimmen, und derselben endliche Vereinigung und Zusammenstimmung ein grosses Vergnügen (a).

§. 3.

(a) Es liegt viel daran, wenn der Componist die Pause am rechten Orte anzubringen weis. Ja sogar eine kleine Seufzer zur rechten Zeit gesetzet, kann vieles thun.

Mozarts Violinschule.

34 Des ersten Hauptstücks, dritter Abschnitt.

Eine Art der Pausen sind auch die Sospiren. Man nennet sie Sospiren (b); weil sie von kurzer Dauer sind. Hier will ich jede Pause unter die Note setzen, mit welcher sie in der Dauer oder Geltung überein kömmt.

(b) Vom italiänischen, Sospirare, Seufzen.

Des erſten Hauptſtücks, dritter Abſchnitt. 35

Semicroma.
Die doppelte Fuſelle oder Sechzehntheilnote. Gehen 4. auf ein Viertheil.

Gehen 16 auf den ganzen Tact.
Eine doppelte oder Sechzehntheilſospir.

Gilt ſo viel als eine Sechzehntheilnote.

Biscroma.
Die dreyfache Fuſelle, oder 32theilnote. Gehen 8. auf ein Viertheil.

Gehen 32 auf den geraden Tact.
Eine dreyfache, oder 32theilſospir.

Gilt ſo viel als eine zwey und dreyſigtheil Note.

§. 4.

Die Geltung der Noten liegt hier ganz klar zu Tage. Man ſieht, daß eine ganze Note zwo halbe, vier Viertheilnoten, 8 einfache Fuſellen oder Achttheilnoten, 16 doppelte und 32 dreyfache Fuſellen in einem Werthe ſind, und daß ſowohl die ganze Note, als die zwo halben, und 4 Viertheilnoten, und die 8 einfachen Fuſellen, u. ſ. f. jede vor ſich einen ganzen geraden Tact oder vier Viertheile betragen.

§. 4.

Gleichwie nun aber dieſe verſchiedenen Gattungen der Noten, Pauſen und Sospiren in der heutigen Muſik beſtändig untereinander vermiſcht werden; ſo

36 Des ersten Hauptstücks, dritter Abschnitt.

wird zu mehrerer Deutlichkeit zwischen jeden Tact eine Linie gezogen. Das also die zwischen zwo Linien stehenden Noten und Pausen allezeit so viel unter sich betragen müssen, als der am Anfange des Stückes angezeigte Tact erfordert. Z. E.

Das (c) ist eine Viertheilnote, folglich das erste Viertel, die (b) und (c) Noten sind zwo einmal gestrichene oder Achttheilnoten und machen also das zweyte Viertheil aus; die doppelte Soßpir und die folgenden 3 Noten (f) (g) und (a) sind zusammen vier Sechszehntheile und deswegen das dritte Viertheil das (g) als eine Achtelnote, und die zwo doppelte Fusellen (e) und (b) machen das vierte Viertheil. Hier ist eine Linie gezogen: denn hier schließt sich der erste Tact. Die vier doppelten Fusellen (c) (g) (e) und wieder (g) sind das erste Viertel des zweyten Tactes; die Viertheilnote (c) aber ist das zweyte Viertheil, und die darauf folgende Pause beträgt 2 Viertheile, denn sie ist eine halbe Pause, folglich das dritte und vierte Viertheil. Alsdann kömmt abermal eine Linie, und hier endet sich der zweite Tact.

§. 6.

Eben so geht es in dem ungleichen Zeitmaaße, Z. E

Die erste Soßpir beträgt ein Achttheil, folglich ein halbes Viertheil: man nimmt also die darauf folgende Achttheilnote (c) dazu, so hat man das erste Viertheil. Die Doppelsoßpir mit den drey doppelt gestrichnen Noten (g) (e) und (c) sind das zweyte Viertheil. Das einmal gestrichene (c) und die zweimal gestrichenen zwo Noten (b) und (e) machen das dritte und letzte Viertheil dieses ersten Tactes, den die Linie von dem zweyten unterscheidet. Die Achttheilnoten (b) und (g) sind das erste Viertheil; die zwo Viertheilsoßpiren aber sind das zweite und dritte Viertheil des zweyten Tactes. Und so fort durch alle Tactesveränderungen.

§. 7.

Des ersten Hauptstücks, dritter Abschnitt.

§. 7.

Oft werden die Noten auch so vermischt, daß eine oder auch mehrere müssen zertheilet werden. Z. E.

Die Achttheilnote (c) beträgt hier nur ein halbes Viertheil: es muß also die nebenbey stehende Viertheilnote (c), anfangs in Gedanken, nachher aber auch mit dem Bogenstriche zertheilet, und der erste halbe Theil zur ersten Achttheilnote (c) der zweyte halbe Theil hingegen zur zwoten Achtheilnote (e) gerechnet werden. Wer dieses nicht genug einsieht, der stelle sich die oben angebrachten nur also vor,

und spiele sie auch, wie sie ihm hier vor Augen liegen. Nachdem aber nehme er das zweyte und dritte (c) mit der nämlichen Gleichheit des Tactes in einem Striche; jedoch also, daß die Abtheilung der Noten durch einen Nachdruck mit dem Bogen bei jeder Note vernehmlich werde. Z. E.

Welches man auch also thun kann, wenn mehre solche abzutheilende Noten nach einander folgen. Z. E.

Denn wen die zwo Noten (b) und (e) müssen zertheilet werden; so kann man sie um eine genaue Gleichheit des Tempo zu erobern, anfänglich glattweg spielen;

 hernach aber also abgeigen:

Wo die zwo (b) Noten in einem Hinaufstriche, die zwo (e) Noten aber in einem Herabstriche zusammen genommen und mit guter Gleichheit durch einen Nachdruck des Bogens von einander müssen unterschieden werden (c). Hauptsächlich muß

(c) Die Zertheilung dieser Noten durch den Bogenstrich findet nur anfangs Platz, bis der Schüler die Gleichheit des Tactes genau versteht. Dann muß man aber die Abtheilung nicht mehr hören. Man lese nur den gleich folgenden §. 8.

38 Des ersten Hauptstüks, dritter Abschnitt.

muß man sich befleissen den zweyten Theil jeder zu zertheilenden Note nicht zu kurz, sondern dem ersten Theile gleich zu halten: denn diese Ungleichheit bei der Zertheilung der Noten ist ein gemeiner Fehler, welcher das Zeitmaaß aus seiner Gleichheit in das Geschwinde treibt.

§. 8.

Der Punkt, welcher bey einer Note steht, vergrößert seine vorhergehende Note um den halben Theil, und die Note, nach welcher der Punkt steht, muß noch halb so lang gehalten werden, als ihre natürliche Größe beträgt, Z. E. Wenn der Punkt nach einer ganzen Note steht, so gilt er eine halbe:

§. 9.

(d) Ich kann unmöglich einsehen, wie jene ihren Satz beweisen, welche lehren: Daß der Punkt eben so viel gelte, als die darauf folgende Note. Wenn nun z. E. hier der Punkt nach solcher Regel eine 16theilnote, und hier gar nur eine zwey und dreyßigtheilnote gilt, so wird ein solcher Lehrmeister mit seiner Rechnung im Tacte schlecht bestehen.

Des ersten Hauptstücks, dritter Abschnitt.

§. 9.

In langsamen Stücken wird der Punkt anfangs mit dem Bogen durch einen Nachdruck vernemlich gemacht: um sich ever im Tacte zu bleiben. Wenn man sich aber im Tacte schon fester gesetzet hat, so wird der Punct durch eine sich verlierende Stille an die Note gehalten und niemals durch einen Nachdruck unterschieden. Z. E.

§. 10.

In geschwinden Stücken wird der Geigebogen bey jedem Puncte aufgehoben: folglich jede Note von der andern abgesondert und springend vorgetragen. Z. E.

§. 11.

Es giebt in langsamen Stücken gewisse Passagen, wo der Punkt noch etwas länger gehalten werden muß, als die bereits vorgeschriebene Regel erfordert: wenn anders der Vortrag nicht zu schläfrig ausfallen soll. Z. E. wenn hier

Adagio.

der Punct in seiner gewöhnlichen Länge gehalten würde, würde es einmal zu faul und recht schläferig klingen. In solchem Falle nun muß man die punctirte Note etwas länger anhalten; die Zeit des längern Aushaltens aber muß man der nach dem Puncte folgenden Note, so zu reden, abstehlen.

Man halte demnach in dem itzt beygebrachten Exempel die Note (e) mit ihrem Puncte länger; die (f) Note aber nehme man mit einem kurzen Striche so spät, daß die erste der 4 (g) Noten dem richtigen Zeitmaaße nach alsogleich darauf komme. Der Punct soll überhaupt allezeit etwas länger gehalten werden. Denn nicht nur wird dadurch der Vortrag lebhafter; sondern es wird auch dem Eilen, jenem fast allgemeinen Fehler, Einhalt gethan: da hingegen durch das wenige Aushalten des Puncts die Musik gar leicht in das Geschwinde verfällt.

40 Des ersten Hauptstücks, dritter Abschnitt.

fällt. Es wäre sehr gut, wenn diese längere Aushaltung des Puncts recht bestimmet, und hingesetzet würde. Ich wenigstens habe es schon oft gethan, und meine Vortragsmeinung habe ich mit zweenen Puncten nächst Abkürzung der darauf folgende Note also zu Tage gelegt:

Es ist wahr, anfangs fällt es fremd in die Augen. Allein was verschlägt dieß? Der Satz hat seinen Grund; und der musikalische Geschmack wird dadurch befördert. Man besehe es zergliedert. Die Note (e) ist ein Achttheil; der erste Punct gilt dessen halben Theil, folglich ein Sechzehntheil; der zweyte Punct gilt des ersten Puncts halben Theil, also ein zwey und dreyßigtheil; und die letzte Note ist breymal gestrichen. Man sieht also mittelbar der zweenen Puncten eine einmal gestrichene, eine doppelt gestrichene und zwo dreymal gestrichene Noten, welche zusammen genommen ein Viertheil ausmachen.

oder

§. 11.

Man muß es öfters versuchen, ob der Schüler die mit Puncten und Sospiren unter einander vermischten unterschiedlichen Noten in die Viertheile recht abzutheilen weis. Man muß ihm unterschiedliche Tactarten vorlegen, und ihn nichts anders vor sich nehmen lassen, bis er alles hier itzt Vorgetragene aus dem Grunde versteht. Ja der Lehrmeister handelt sehr vernünftig, wenn er dem Anfänger unterschiedliche Veränderungen der Noten in allen Gattungen des Tacts aufschreibt, und um es begreiflicher zu machen, jedes Viertheil genau unter das andere setzet.

Hier ist ein Muster über den geraden Tact, welches der Schüler itzt nur studiren, und alsdann erst geigen muß, wenn er das Hauptstück von der Strichart erlernet hat.

NB. Hierher gehört die hinten beyliegende Tabelle.

§. 13.

Des erſten Hauptſtücks, dritter Abſchnitt.

§. 13.

Nun kommen wir auf die noch übrigen muſikaliſchen Zeichen. Dieſe ſind das ſogenannte Kreutzel (𝄪), das B (b) und das H (♮), welches die Italiäner das B quadro oder das vierecktigte B nennen. Das erſte, nämlich das Kreutzel (𝄪) zeiget an, daß die Note, vor welcher es ſtehet, um einen halben Ton muß erhöhet werden. Es wird alſo der Finger um einen halben Ton vorwärts gerücket (e). Z. E.

Die mit 𝄪 bezeichneten Noten heiſſen: Ais, His oder Bis, Cis, Dis, Eis, Fis und Gis.

Das Zweyte, nämlich das (b) iſt ein Zeichen der Erniedrigung. Es wird demnach wenn ein b vor der Note ſteht der Finger zurück gezogen, und die Note um einen halben Ton tiefer gegriffen (f). Z. E.

Die durch b erniedrigten Noten heiſſen: As, B oder Bes, Ces, Des, Es, Fes und Ges.

Das Dritte Zeichen, nämlich das (♮), vertreibt ſowohl (𝄪) als b, und rufet die Note in ihren eignen Ton zurück. Denn es wird allezeit geſetzet, wenn eines dieſer beyden Zeichen kurz vorher bey der nämlichen Note, oder vorne bey dem Schlüſſel in dem nämlichen Tone ſteht (g). S. E.

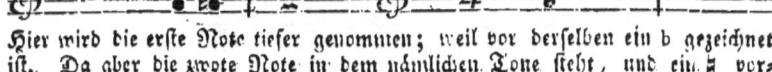

Hier wird die erſte Note tiefer genommen; weil vor derſelben ein b gezeichnet iſt. Da aber die zwote Note in dem nämlichen Tone ſteht, und ein ♮ voraus-

---

(e) Es wird von dem griechiſchen (Δίεσις) Dieſis genennet. Auch Signum Intenſionis.
(f) Das iſt das Signum remiſſionis.
(g) Signum Reſtitutionis. Diejenigen, welche das ♮ Zeichen in ihrer Compoſition nicht brauchen wollen, die irren ſich. Wenn ſie es nicht glauben, mögen ſich mich darum fragen.

Mozarts Violinſchule

42 Des ersten Hauptstücks, dritter Abschnitt.

ausgesetzet ist: so wird bey dieser Note der Finger wieder vorwärts gerücket, und die Note in ihrem natürlichen Tone genommen. Im zweyten Tacte eben dieses Exempels wird die zwote Note (c) die durch das ♯ im vorigen Tacte erhöhet worden, durch das ♮ Zeichen wieder erniedriget, u. s. w.

§. 14.

Wenn es zum Spielen dergleichen Erhöhungen und Erniedrigungen kömmt, so ergiebt es sich, daß sie oft auf die leeren Saiten fallen: wo die auf die leeren Saiten zu stehenden kommenden Noten allezeit mit dem vierten Finger auf der nächsten tiefern Saite müssen gegriffen werden. Absonderlich wenn es eine Erniedriegung ist. Z. E.

* Auf der A Saite mit dem vierten Finger.   * Auf der D Saite mit dem vierten Finger.

Wenn ein ♯ vorsteht kann man zwar die Note auf der nämlichen Saite mit dem ersten Finger nehmen: Es ist aber allezeit besser, wenn man sie mit Ausstreckung des vierten Fingers, auf der nebenstehenden tiefern Saite greift.

§. 15.

Hier müssen wir auch von demjenigen reden, was wir oben im ersten Abschnitte dieses ersten Hauptstückes §. 14. angemerket haben. Das Intervall oder der Zwischenraum von (B ♮) bis (C) machet den natürlichen größern halben Ton: (Hemitonium majus naturale.) Man pflegte demnach bisher, wenn ein (b) vorgezeichnet war, allezeit b, c, zu sprechen; hingegen das natürliche (B) mit (H) zu benennen Z. E. a, h, c, und dieß geschahe, um das mi von fa zu unterscheiden: man sagte folglich, wenn ein ♯ dabey stund His, Cis. Ich sehe aber gar nicht, warum man bei dem natürlichen (B) nicht ganz natürlich (B) sagen, und warum man das durch das (b) erniedrigte nicht ein Bes, das durchs (♯) erhöhete hingegen nicht ein Bis nennen sollte.

§. 16.

Unter den musikalischen Zeichen ist kein geringes das Verbindungszeichen: obwohl es von manchen oft sehr wenig beobachtet wird. Es hat die

Gestalt

Des ersten Hauptstücks, dritter Abschnitt. 43

Gestalt eines halben Cirkels, welcher über oder unter die Noten gezogen wird. Die Noten, welche unter oder ober solchem Cirkel stehen, es seyn hernach 2, 3, 4, oder auch noch mehr, werden alle in einem Bogenstriche zusammen genommen, und nicht abgesondert, sondern ohne Aufheben oder Nachdruck des Geigebogens in einem Zuge aneinander geschleifet. Z. E.

§. 17.

Es werden auch unter dem Cirkel, oder, wenn der Cirkel unter den Noten steht, über demselben, unter die Noten oder über die Noten oft Puncte gesetzet. Dieses zeiget an, daß die unter dem Verbindungszeichen stehenden Noten nicht nur in einem Bogenstriche, sondern mit einem bey jeder Note angebrachten wenigen Nachdruck in etwas von einander unterschieden müssen vorgetragen werden. Z. E.

Sind aber anstatt der Puncte kleine Striche gesetzet; so wird bey jeder Note der Bogen aufgehoben; folglich müssen alle unter dem Verbindungszeichen stehende Noten zwar an einem Bogenstriche, doch gänzlich von einander getrennet abgespielet werden. Z. E.

Die erste Note dieses Exempels kömmt in den Herabstrich; die übrigen drey aber werden mit jedesmaliger Erhebung des Bogens und mit einem starken Abstoße von einander abgesondert im Hinaufstriche gespielet, u. s. f. (h).

§. 18.

(h) Viele Herren Componisten setzen dergleichen Zeichen gemeiniglich nur bey dem ersten Tacte, wenn viele solche gleiche Noten folgen: man muß also so lang damit fortfahren, bis eine Veränderung angezeigt wird.

Des ersten Hauptstücks, dritter Abschnitt.

§. 18.

Dieses Verbindungszeichen wird auch nicht selten über die letzte Note des einen, und über die erste Note des andern Tactes gezogen. Sind die beyden Noten im Tone unterschieden; so werden sie nach der erst im 16 §. gegebenen Regel zusammen gezogen: sind sie aber in einem Tone; so werden sie so zusammen gehalten, als wenn es eine Note wäre. Z. E.

 ist eben so, als wenn es also hieße

Das erste Viertheil des zweyten Tactes wird zwar anfangs durch den Nachdruck des Bogens, ohne jedoch denselben aufzuheben, von dem letzten Viertheile des ersten Tactes in etwas unterschieden, und vernehmlich gemacht; welches nur geschieht, um sich genauer im Tacte zu halten. Wenn man aber einmal im Tempo sicher ist; dann muß die zwote Note, welche an die erste gehalten wird, nimmer durch einen Nachdruck unterschieden, sondern nur so ausgehalten werden, wie man eine halbe Note zu spielen pfleget (*i*). Man mag es nun auf eine oder die andere Art abgeigen, so muß man allezeit bedacht seyn, die zwote Note nicht zu kurz auszuhalten: denn dieß ist ein gewöhnlicher Fehler, durch welchen das Zeitmaaß aus seiner Gleichheit gebracht wird, und in das Geschwinde verfällt.

§. 19.

Wenn ein halber Cirkel über einer Note allein steht, die über sich einen Punct hat: so ist es ein Zeichen des Aushaltens. Z. E.

Ein

(*i*) Es ist übel genug, daß es Leute giebt, die sich auf ihre Kunst sehr viel einbilden, und doch keine halbe Note, ja fast keine Viertheilnote abspielen können, ohne sie in zween Theile zu zertheilen. Wenn man zwo Noten haben wollte, würde man sie ohnfehlbar hinsetzen. Solche Noten müssen stark angegriffen, und durch eine sich nach und nach verlierende Stille ohne Nachdruck ausgehalten werden. Wie der Klang einer Glocke, wenn sie scharf angeschlagen wird, sich nach und nach verlieret.

Des ersten Hauptstücks, dritter Abschnitt. 45

Ein solches Aushalten wird zwar nach Gutdünken gemacht: doch muß es nicht zu kurz und nicht zu lang, sondern mit guter Beurtheilung geschehen. Alle die Mitspielenden müssen einander beobachten: um sowohl die Aushaltung zugleich mit einander zu enden: als auch um wieder gleichförmig anzufangen. Es ist hierbey sonderbar zu merken, daß man den Ton der Instrumente recht austönen und verrauschen lasse, ehe man wieder zu spielen anfängt: auch daß man dahin sehe, ob alle Stimmen zugleich, oder ob eine nach der andern wieder eintrete: welches man aus den Soßpiren, und aus der Bewegung des Anführers auf den man allezeit die Augen wenden muß, erkennen kann. Wenn aber dieses Zeichen (welches die Italiäner la Corona nennen) über oder unter einer Soßpir und Pause steht; so wird bey der Soßpir etwas mehr, als es die Ausrechnung im Tacte erforderte, stillgeschwiegen: hingegen wird eine Pause, über welcher man dieses Zeichen sieht, nicht so lang ausgehalten; sondern manchmal so vorbeygegangen, als wenn sie fast nicht zugegen wäre. Z. E.

Hier wird länger still gehalten.

Diese Pause wird nicht ausgehalten.

Man sehe fleißig auf den Capellmeister, der den Tact schlägt, oder auf den Anführer: denn dergleichen Sachen kommen auf den guten Geschmack und eine richtige Beurtheilungskraft an.

§. 20.

Manchesmal setzet der Componist einige Noten, deren er jede mit ihrem eignen Striche recht abgestoßen, und eine von der andern abgesondert vorgetragen

46 Des ersten Hauptstücks, dritter Abschnitt.

gen wissen will. In diesem Falle zeiget er seine Vortragsmeinung durch kleine Striche an, die er über oder unter die Noten setzt: Z. E.

§. 21.

Man sieht oft in musikalischen Stücken über ein und andere Note den kleinen Buchstaben (*t.*) oder auch (*tr.*) gesetzt. Dieses zeigt einen Triller an, Z. E.

Was ein Triller ist, wird an seinem Orte weitläuftig abgehandelt werden.

§. 22.

Jeden Tact sowohl als die musikalischen Stücke selbst in Ordnung zu bringen und einzutheilen, bedienet man sich verschiedener Striche. Jeden Tact unterscheidet ein Strich, wie schon §. 4 gesagt worden; den man den Tactstrich nennet: Die Stücke selbst aber werden mehrentheils in zween Theile getheilet, und, wo die Theilung angebracht wird, mit zween Strichen bemerket, die beiderseits Puncte, oder kleine Nebenstriche haben. Z. E.   :||: oder   𝄇𝄆   Hiedurch will man anzeigen, daß jeder Tact soll wiederholet werden. Wenn aber nur ein oder der andere Tact zu wiederholen ist; so wird es also angezeiget:

Was immer zwischen solchen Strichen eingeschlossen ist, wird noch einmal wiederholet.

§. 23.

Die kleinen Noten, welche man, sonderheitlich bey der heutigen Musik, immer vor den gewöhnlichen Noten sieht, sind die sogenannten Vorschläge

(Appo-

Des erſten Hauptſtücks dritter Abſchnitt.   47

(Appogiaturo) die nicht zum Tacte gerechnet werden. Sie ſind, wenn ſie am rechten Orte angebracht werden, unſtreitig eine der erſten muſikaliſchen Zierrathen, folglich niemals außer Acht zu laſſen. Wir werden ſie beſonders abhandeln. Sie ſehen alſo aus:

§. 24.

In dem erſt geſehenen Exempel ſind anfangs nur zwo Sechzehntheilnoten, folglich nur ein halbes Viertheil; und dennoch folget der Tactſtrich. Dieß heißt man den Aufſtreich, welcher gleichſam den Eingang in die darauf folgende Melodie machet. Dieſer Aufſtreich hat oft 3, 4, und auch noch mehrere Noten. Z. E.

§. 25.

Wenn es in der Muſik recht Cromatiſch (*k*) zugeht, ſo kömmt auch oft auf eine nach der Tonart ſchon mit einem (✕) verſehene Note noch ein Dieſis, welches auch alſo (+) oder auch ſo (✕) angezeiget wird. Folglich muß
die

(*k*) Nachdem die verſchiedenen Tongeſchlechte der Alten abgeändert worden, ſo hat man nur zwo Gattungen erwählet: Das natürliche nämlich, Genus Diatonicum ſo in ſeinem Gebiethe weder ♯ noch ♭ leidet; und das mit (♯) und (♭) vermiſchte oder Genus Cromaticum.

48 Des ersten Hauptstücks, dritter Abschnit.

die durch das gewöhnliche (※) schon vorhin erhöhte Note nochmals um einen halben Ton erhöhet werden. Z. E.

Hier ist das doppelte (※) im fis, welches, nachdem die vielen Subsemitonien, folglich die vielen gebrochenen Claviere zur Bequemlichkeit der Cembalisten aufgehoben und die Temperatur erfunden worden, itzt das natürliche (G) ist. Man nimmt aber nicht den dritten Finger, sondern man rücket ordentlich den zweyten vor (1.) Eben dieß geschieht bey der doppelten Erniedrigung einer Note, welches durch kein besonderes Zeichen, sondern nur durch zwey (bb) oder ein grosses (♭) angezeiget wird. Denn man nimmt auch keinen andern Finger, als den, welcher ohnehin auf dieselbe Note fällt.

§. 26.

An dem Ende fast jeder musikalischen Zeile sieht man dieses Zeichen (𝒲), welches der Custos Musikus genennet und nur hingesetzt wird, die erste Note der folgenden Zeile anzumerken, und hiedurch, sonderbar in geschwinden Stücken, dem Auge einigermaßen zu Hülfe zu kommen.

§. 27.

Ueber alle hier schon beygebrachte musikalische Zeichen, giebt es noch viele Kunstwörter, die ein Stück nach seinem rechten Zeitmaaße vorzutragen, und die Leidenschaften nach des rechtschaffenen Componisten Sinne auszudrücken, unentbehrlich sind. Die Ordnung derselben mag folgende seyn.

Musika=

---

(1) Wenn man itzt, da die gebrochenen Claviere auf der Orgel aufgehoben sind, alle Quinten rein stimmet; so giebt es bey der Fortschreitung durch die übrigen Töne eine unerträgliche Dissonanze. Man muß demnach temperiren, das ist: man muß einer Consonanze etwas nehmen, der andern aber etwas beylegen; man muß sie so eintheilen und die Töne so gegeneinander schweben lassen, daß sie alle dem Gehöre erträglich werden. Und dieß heißt man die Temperatur. Es wäre zu weitläufig, alle die mathematischen Bemühungen vieler gelehrten Männer hier anzuführen: Man lese den Sauver, den Bümler, Henfling, Werkmeister, den Neidhardt.

Des erſten Hauptſtücks, dritter Abſchnitt.

Muſikaliſche Kunſtwörter. (m)

Preſtiſſimo, (*Preſtiſſimo.*) zeiget das geſchwindeſte Tempo an, und iſt Preſto aſſai (*Preſto aſſai.*)faſt eben dieß. Zu dieſem ſehr geſchwinden Zeitmaaſe wird ein leichter und etwas kurzer Bogenſtrich erfodert.

Preſto, (*Preſto.*) heißt geſchwind, und das Allegro aſſai, *Allegro aſſai.*) iſt wenig davon unterſchieden.

Molto Allegro (*Molto Allegro.*) iſt etwas weniger als Allegro aſſai, doch iſt es noch geſchwinder als

Allegro, (*Allegro.*) welches zwar ein luſtiges, doch ein nicht übereiltes Tempo anzeiget; ſonderbar wenn es durch Beywörter und Nebenwörter gemäſſiget wird, als da ſind:

Allegro, ma non tanto oder non troppo, oder moderato, (*Allegro, ma non tanto, oder non troppo, oder moderato.*) welches eben ſagen will, daß man es nicht übertreiben ſolle. Hierzu wird ein zwar leichter und lebhafter, jedoch ſchon mehr ernſthafter und nimmer ſo kurzer Strich erfodert, als bey dem geſchwindeſten Tempo.

Allegretto (*Allegretto.*) iſt etwas langſamer als Allegro, (*Allegro.*) hat gemeiniglich etwas Angenehmes, etwas Artiges und Scherzhaftes, und vieles mit dem Andante (*Andante.*) gemein. Es muß alſo artig, täubelnd, und ſcherzhaft vorgetragen werden: welches Artige und Scherzhafte man ſowohl bey dieſem als bey anderem Tempo durch das Wort Guſtoſo (*Guſtoſo.*) deutlicher zu erkennen giebt.

Vivace (*Vivace.*) heißt lebhaft, und Spiritoſo (*Spiritoſo.*) will ſagen, daß man mit Verſtand und Geiſt ſpielen ſolle, und Animoſo (*Animoſo.*) iſt faſt eben dieß. Alle drey Gattungen ſind das Mittel zwiſchen dem Geſchwinden und Langſamen, welches uns das muſikaliſche Stück, bey dem dieſe Wörter ſtehen, ſelbſt mehrers zeigen muß.

Mode-

(m) Termini Technici. Man ſollte freylich ſich durchaus ſeiner Mutterſprache bedienen und man könnte ſo gut langſam als Adagio auf ein muſikaliſches Stück ſchreiben: allein ſoll denn ich der erſte ſeyn?

Des erſten Hauptſtücks, dritter Abſchnitt.

Moderato, gemäßiget, (*Moderato.*) beſcheiden: nicht zu geſchwind und nicht zu langſam. Eben dieß weiſet uns an das Stück ſelbſt, aus deſſen Fortgang wir die Mäßigung erkennen müſſen.

Das Tempo commodo, und Tempo giuſto, (*Tempo commodo und Tempo giuſto.*) führen uns ebenfalls auf das Stück ſelbſt zurück. Sie ſagen uns, daß wir das Stück weder zu geſchwind noch zu langſam, ſondern in dem eigentlichen, gelegenen und natürlichen Tempo ſpielen ſollen. Wir müſſen alſo den wahren Gang eines ſolchen Stückes in dem Stücke ſelbſt ſuchen: wie oben im zweyten Abſchnitte dieſes Hauptſtücks ſchon iſt geſagt worden.

Soſtenuto (*Soſtenuto.*) heißt aushalten, oder vielmehr zurückhalten und den Geſang nicht übertreiben. Man muß ſich alſo in ſolchem Falle eines ernſthaften, langen und anhaltenden Bogenſtrichs bedienen, und den Geſang wohl aneinander hängen.

Maeſtoſo, (*Maeſtoſo.*) mit Majeſtät, bedachtſam, nicht übereilet.

Stoccato oder Staccato, (*Stoccato oder Staccato.*) geſtoßen, zeigt an, daß man die Noten wohl von einander abſondern und mit einem kurzen Bogenſtriche ohne Ziehen vortragen ſolle.

Andante (*Andante.*) gehend. Dieß Wort ſagt uns ſchon ſelbſt, daß man dem Stücke ſeinen natürlichen Gang laſſen müſſe; ſonderheitlich wenn ma un pocco Allegretto, (*ma un pocco Allegretto.*) dabey ſiehet.

Lente oder Lentemente. (*Lente, Lentemente.*) ganz gemächlich.

Adagio, (*Adagio.*) langſam.

Adagio peſante, (*Adagio peſante.*) ein ſchwermüthiges Adagio, muß etwas langſamer, und zurückhaltend geſpielet werden.

Largo, (*Largo.*) ein noch langſameres Tempo, wird mit langen Bogenſtrichen und mit vieler Gelaſſenheit abgeſpielet.

Grave, (*Grave.*) ſchwermüthig und ernſthaft, folglich recht ſehr langſam. Man muß auch in der That durch einen langen, etwas ſchweren und ernſthaften Bogenſtrich, und durch das beſtändige Anhalten und Unterhalten der unter einander abwechſelnden Töne den Caraktter eines Stückes ausdrücken, welchem das Wort Grave, (*Grave.*) vorgeſetzt iſt.

Des erſten Hauptſtücks, dritter Abſchnitt.

Zu den langſamen Stücken werden auch noch andere Wörter ben itzt erklärten beygefüget, um die Meinung des Componiſten noch mehr an den Tag zu legen; als da ſind:

Cantabile, Singbar. (*Cantabile.*) Das iſt: Man ſolle ſich eines ſingbaren Vortrags befleiſſigen, man ſoll natürlich, nicht zu viel gekünſtelt und alſo ſpielen, daß man mit dem Inſtrumente, ſo viel es immer möglich iſt, die Singkunſt nachahme. Und dieß iſt das Schönſte in der Muſik (*n*).

Arioſo, (*Arioſo.*) gleich einer Arie. Es will eben das ſagen, was Cantabile ſaget.

Amabile, Dolce, Soave, (*Amabile, Dolce, Soave.*) verlangen alle einen angenehmen, ſüſſen, lieblichen und gelinden Vortrag: wobey man die Stimme mäßigen, und nicht mit dem Bogen reißen; ſondern mit gelinder Abwechſelung des Schwachen und Halbſtarken dem Stücke die gehörige Zierde geben muß.

Meſto (*Meſto.*) betrübt. Dieß Wort erinnert uns, daß wir uns bey Abſpielung des Stückes in den Affect der Betrübniß ſetzen ſollen, um die Traurigkeit, welche der Componiſt in dem Stücke auszudrücken ſucht, bey den Zuhörern zu erregen.

Affettuoſo, (*Affettuoſo.*) mit Affect, will, daß wir den Affect, der in dem Stücke ſtecket, aufſuchen, und folglich alles beweglich, eindringend und rührend abſpielen ſollen.

Piano (*Piano.*) heißt ſtill; und Forte (*Forte.*) Laut oder Stark.

Mezzo (*Mezzo.*) heißt halb, und wird zur Mäßigung des Forte und Piano gebrauchet. Nämlich Mezzo forte, (*Mezzo forte.*) halb ſtark oder laut; Mezzo piano, (*Mezzo piano.*) halb ſchwach oder ſtill.

(*n*) Manche meinen, was ſie Wunderſchönes auf die Welt bringen, wenn ſie in einem Adagio Cantabile die Noten rechtſchaffen verkräuſeln, und aus einer Note ein paar Dutzend machen. Solche Notenwürger legen dadurch ihre ſchlechte Beurtheilungskraft zu Tage, und zittern, wenn ſie eine lange Note aushalten oder nur ein paar Noten ſingbar, abſpielen ſollten, ohne ihre gewöhnlichen und ungeſchickten Verzierungen anzubringen.

Piu (*Piu.*) heißt mehr. Daß also Piu forte (*Piu forte*) eine mehrere Stärke; Piu piano (*Piu piano.*) eine mehrere Schwäche anzeigen.

Crescendo (*Crescendo.*) Wachsend, will uns sagen, daß wir bey der Folge der Noten, bei welchen dieses Wort stehet, mit der Stärke des Tones immer anwachsen sollen.

Decrescendo (*Decrescendo.*) hingegen zeiget an, daß sich die Stärke des Tones immer mehr und mehr verlieren solle.

Wenn Pizzicato, (*Pizzicato.*) vor einem Stücke oder auch nur bey einigen Noten stehet; so wird solches Stück daraus, oder dieselben Noten, ohne den Gebrauch des Geigebogens abgespielet. Es werden nämlich die Saiten mit dem Zeigfinger, oder auch mit dem Daumen der rechten Hand geschnellet, oder, wie einige zu sprechen pflegen, gekneipet. Man muß aber die Saite, wenn man sie schnellet, niemals unten; sondern allezeit nach der Seite fassen: sonst schlägt sie bey dem Zurückprellen auf das Griffbrett und schnarret oder verliert gleich den Ton. Den Daumen soll man gegen den Sattel an das Ende des Griffbretts setzen und mit der Spitze des Zeigefingers die Saiten schnellen, auch den Daumen nur alsdann dazu brauchen, wenn man ganze Accorde zusammen nehmen muß. Viele kneipen allezeit mit dem Daumen; doch ist hierzu der Zeigefinger besser: weil der Daumen durch das viele Fleisch den Ton der Saiten dämpfet. Man mache nur selbst die Probe.

Col Arco, (*Col Arco.*) heißt mit dem Bogen. Es erinnert, daß man sich des Bogens wieder bedienen solle.

Da Capo, (*Da Capo.*) vom Anfange, zeiget an, daß man das Stück vom Anfange wiederholen müsse. Wenn aber

Dal Segno (*Dal Segno.*) dabey stehet; das ist, von dem Zeichen: so wird man auch ein Zeichen beygesetzet finden, welches uns an den Ort führet, wo man die Wiederholung anfangen muß.

Die zween Buchstabe *V. S.* Vertatur Subito (*Vertatur Subito.*) oder auch nur das Wort Volti (*Volti.*) stehen gemeiniglich am Ende eines Blatts, und es heißt: Man wende das Blatt geschwind nach der andern Seite.

Des ersten Hauptstücks, dritter Abschnitt.

Con Sordini, *Con Sordini.*) mit Dämpfern. Das ist: Wenn diese Wörter bei einem Musikstücke geschrieben stehen, so müssen gewisse kleine Aufsätzel, die von Holz, Bley, Blech, Stahl oder Meßing gemacht sind, auf den Sattel der Geige gestecket werden, um hierdurch etwas Stilles und Trauriges besser auszubrücken. Diese Aufsätzel dämpfen den Ton: man nennet sie deßwegen auch Dämpfer, am gemeinsten aber Sordini vom lateinischen Surdus, oder italiänischen Sordo, betäubt. Man thut sehr gut, wenn man bey dem Gebrauche der Sordini sich sonderbar hütet die leeren Saiten zu nehmen: denn sie schreien gegen den Gegriffenen zu sehr, und verursachen folglich eine merkliche Ungleichheit des Klanges.

Aus allen den itzt erklärten Kunstwörtern sieht man sonnenklar, daß alle Bemühung dahin gehet, den Spielenden in denjenigen Affect zu setzen, welcher in dem Stücke selbst herrschet: um hierdurch in die Gemüther der Zuhörer zu dringen und ihre Leidenschaften zu erregen. Man muß also, bevor man zu spielen anfängt, sich wohl um alles umsehen, was immer zu dem vernünftigen und richtigen Vortrage eines wohlgesetzten musikalischen Stückes nothwendig ist.

Daß zweyte Hauptſtück.
Wie der Violiniſt die Geige halten, und den Bogen führen ſolle.

§. 1.

Wenn der Meiſter nach genauer Ausfrage findet, daß der Schüler alles itzt Abgehandelte wohl begriffen und dem Gedächtniſſe recht eingepräget hat: alsdann muß er ihm die Geige (welche etwas ſtark bezogen ſeyn ſoll) in die linke Hand richten. Es ſind aber hauptſächlich zweyerlei Arten die Violin zu halten; welche, weil man ſie mit Worten kaum genug erklären kann, zu mehrerem Begriffe in Abbildungen hier vorgeſtellet ſind.

§ 2

Die erſte Art die Violin zu halten, hat etwas Angenehmes und ſehr Gelaſſenes. Fig. I. Es wird nämlich die Geige ganz ungezwungen an der Höhe der Bruſt ſeitwärts, und ſo gehalten: daß die Striche des Bogens mehr in die Höhe als nach der Seite gehen. Dieſe Stellung iſt ohne Zweifel in den Augen der Zuſeher ungezwungen und angenehm; vor den Spielenden aber etwas ſchwer und ungelegen, weil, bey ſchneller Bewegung der Hand in die Höhe, die Geige keinen Halt hat, folglich nothwendig entfallen muß; wenn nicht durch eine lange Uebung der Vortheil, ſelbe zwiſchen dem Daumen und Zeigefinger zu halten, erobert wird.

§ 3

Die zwote iſt eine bequeme Art. Fig. II. Es wird nämlich die Violin ſo an den Hals geſetzet, daß ſie am vorderſten Theile der Achſel etwas aufliegt, und jene Seite, auf welcher das (E) oder die kleinſte Saite iſt, unter das Kinn kömmt: dadurch die Violin, auch bey der ſtärkeſten Bewegung der hinauf und herab gehenden Hand, an ſeinem Orte allezeit unverrückt bleibet.

Die Fig. I. stehet dem Titelblatte gegen über.

Fig II.da

Das zweyte Hauptstück.

bet. Man muß aber hierbey jederzeit den rechten Arm des Schülers beobachten: damit der Ellenbogen bey Führung des Striches nicht zu sehr in die Höhe komme; sondern immer etwas nahe, doch ungezwungen, zum Leibe gehalten werde. Man besehe den Fehler in der Abbildung Fig. III. Man kann diesem Fehler vorbeugen, wenn man den Theil der Violin, wo die (E) Saite liegt, etwas mehr gegen die Brust herein wendet, um zu verhindern, daß der rechte Arm, wenn auf der (G) Saite zu spielen ist, sich nicht zu sehr erheben muß.

§. 4.

Der Griff, oder vielmehr der Hals der Violin muß nicht, gleich einem Stück Holz, in die ganze Hand hineingelegt, sondern zwischen dem Daumen und Zeigefinger also genommen werden, daß er an einer Seite an dem Ballen unter dem Zeigefinger, an der andern Seite an dem obern Theil des Daumengliedes anstehe, die Haut aber, welche in der Fuge der Hand den Daumen und Zeigefinger zusammen hänget, keinesweges berühre. Der Daumen muß nicht zu viel über das Griffbrett hervorstehen: sonst hindert er im Spielen, und benimmt der (G) Saite den Klang. Er muß auch mehr vorwärts gegen den zweyten und dritten Finger, als zurück gegen den ersten gehalten werden; weil dadurch die Hand sich auszudehnen mehr Freyheit erlanget. Man versuche es nur: und der Daumen wird gemeiniglich dem zweyten Finger, wenn er (F) oder (Fis) auf der (D) Seite greift, gegenüber zu stehen kommen. Der hintere Theil der Hand (nämlich gegen den Arm) muß frey bleiben, und die Violin muß nicht darauf liegen: denn hierdurch würden die Nerven, welche den Arm und die Finger zusammen verbinden, an einander gerücket, folglich gesperret, und der dritte und vierte Finger sich auszustrecken gehindert. Wir sehen täglich die Beyspiele an solchen plumpen Spielern, bey denen alles schwermüthig läßt; weil sie sich durch ungeschickte Haltung der Violin und des Geigebogens selbst einschränken. Um nun diesem Uebel vorzubeugen, so bediene man sich des folgenden Vortheiles. Man setze den ersten Finger auf das (f) der (E) Saite, den zweyten auf das (c) der (A) Saite, den dritten auf das (g) der (D) Saite und den vierten oder kleinen Finger auf das (d) der (G) Saite, doch so, daß keiner aufgehoben werde, bis nicht alle vier Finger richtig, und zugleich auf dem vorgeschriebenen Platze stehen. Man bemühe sich alsdann bald den ersten, bald den dritten, bald den zweyten, bald den vierten aufzuheben und gleich wieder nieder zu stellen; doch ohne

ne die andern drey von ihrem Orte wegzulassen. Man hebe aber den Finger nur so viel auf, daß er die Saite nicht berühre: und man wird sehen, daß diese Uebung der kürzeste Weg ist, die wahre Stellung der Hand zu erlernen, und daß man hierdurch zu einer ungemeinen Fertigkeit gelanget, seiner Zeit die Doppelgriffe rein vorzutragen.

§. 5.

Der Bogen wird an seinem untersten Theile, nicht zu weit von der unten angebrachten Nusse, in die rechte Hand zwischen den Daumen und zwischen, oder auch ein wenig hinter das mittlere Glied des Zeigefingers, doch nicht steif, sondern leicht und ungezwungen genommen. Man sehe es in der Abbildung. Fig. IV. Und obgleich der erste Finger bey der Verstärckung und Verminderung des Tones das Meiste thun muß; so soll doch auch der kleine Finger allezeit auf dem Bogen liegen bleiben: weil er zur Mäßigung des Bogenstriches durch das Anhalten und Nachlassen vieles beyträgt. Sowohl die, welche den Bogen mit dem ersten Gliede des Zeigefingers halten, als jene, welche den kleinen Finger vom Bogen weglassen, werden finden, daß die oben vorgeschriebene Art weit vorträglicher sey, einen rechtschaffenen und mannbaren Ton aus der Violin herauszubringen; wenn sie anders es zu versuchen nicht zu eigensinnig sind. Man muß aber auch den ersten, nämlich den Zeigefinger nicht zu sehr auf dem Bogen ausstrecken, und von den übrigen entfernen. Man mag also dann den Bogen mit dem ersten oder zweyten Gliede des Zeigefingers halten; so ist die Ausstreckung des Zeigefingers allezeit ein Hauptfehler. Denn dadurch wird die Hand steif: weil die Nerven angespannet sind. Und der Bogenstrich wird schwermüthig, plump, ja recht ungeschickt; da er mit dem ganzen Arme gemacht wird. Man sehe diesen Fehler in der Abbildung Fig. V.

§. 6.

Wenn nun der Schüler auch dieses recht verstehet: so mag er die im ersten Abschnitte des ersten Hauptstücks §. 14. eingerückte Musikleiter oder A, b, c, unter beständiger Beobachtung der folgenden Regeln abzuspielen den Anfang machen.

Erstens, muß die Geige nicht zu hoch, aber auch nicht zu niedrig gehalten werden. Das Mittel ist das Beste. Man halte demnach die Schnecke der
Violin

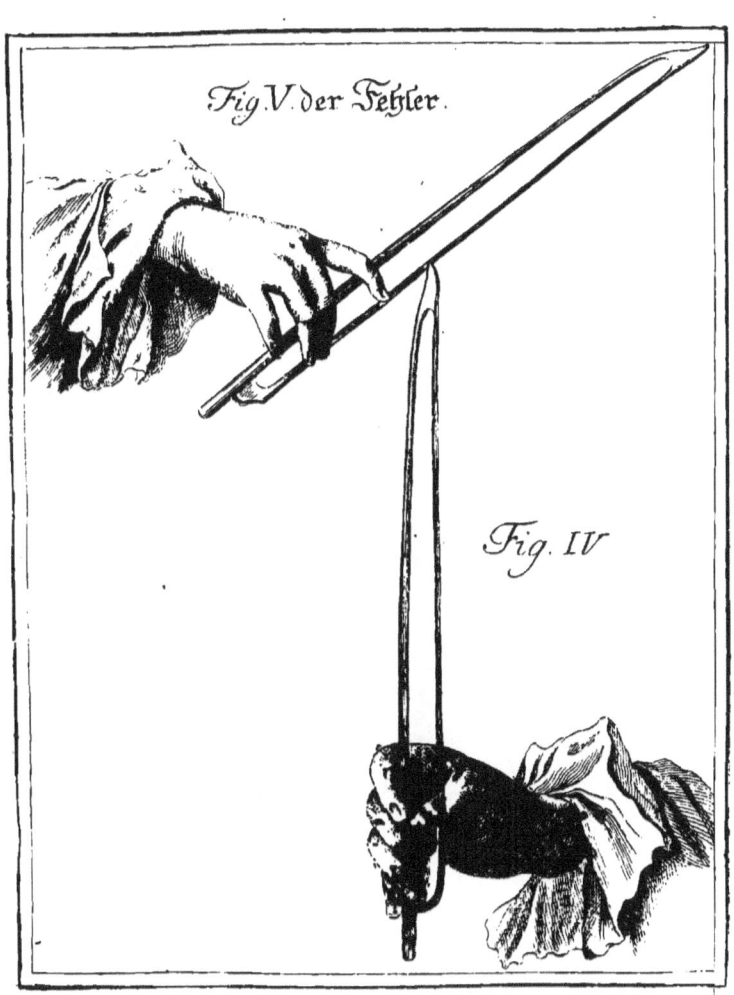

Fig. V. der Fehler.

Fig. IV

Das zweyte Hauptstück

Violin dem Mund, oder höchstens den Augen gleich: man lasse sie aber auch nicht tiefer sinken, als so, daß die Schnecke der Brust gleich komme. Hierzu trägt vieles bey, wenn man die Noten, so man abspielen will, nicht zu niedrig hinleget; sondern etwas erhöhet vor das Angesicht bringt, damit man sich nicht niederbiegen, sondern vielmehr den Leib gerad halten muß.

Zweytens, bringe man den Bogen mehr gerad als nach der Seite auf die Violin: denn hierdurch erhält man mehr Stärke, und liegt dem Fehler vor, den einige haben, welche so sehr mit dem Bogen nach der Seite kommen, daß sie, wenn sie ein wenig nachdrücken, mehr mit dem Holze als mit den Pferdhaaren geigen.

Drittens, muß der Strich nicht mit dem ganzen Arme geführet werden. Man bewege das Achselglied wenig, den Ellenbogen stärker, das Glied der Hand aber natürlich, und ungezwungen. (a) Ich sage: das Glied der Hand soll man natürlich bewegen. Ich verstehe hiedurch: ohne lächerliche und unnatürliche Krümmungen zu machen; ohne es gar zu sehr auswärts zu biegen, oder etwa gar steif zu halten: sondern man lasse die Hand sinken, wenn man den Bogen abwärts zieht; bey dem Hinaufstriche aber biege man die Hand natürlich und ungezwungen, auch nicht mehr und nicht weniger, als es der Gang des Bogens erfordert. Uebrigens merke man sich, daß die Hand, ja vielmehr der Zeigefinger, bey der Mäßigung des Tones, das Meiste thun muß.

Viertens, man muß sich gleich anfangs an einen langen, unabgesetzten sanften und fliessenden Bogenstrich gewöhnen. Man muß nicht mit der Spitze des Bogens oder mit gewissen schnellen Strichen, die kaum die Saiten berühren, fortgeigen; sondern allezeit ernsthaft spielen.

Fünftens: muß der Schüler mit dem Bogen nicht bald hinauf an das Griffbrett, bald aber herunter an den Sattel, oder gar nach der Quer geigen; sondern den Bogen an einem von dem Sattel nicht zu weit entfernten Orte in einer beständigen Gleichheit führen, und durch ein gemäßigtes Niederdrücken

und

(a) Will der Schüler den Ellebogen nicht biegen, und geigt folglich mit einem steifen Arm und starker Bewegung der Achsel; so stelle man ihn mit dem rechten Arm nahe an eine Wand: er wird, wenn er beym Herabstriche den Ellebogen gegen die Wand stößt, solchen ganz gewiß biegen lernen.

und Auflassen den guten und reinen Ton suchen und mit Gedult zu erhalten sich befleissen.

Sechstens, müssen die Finger auf den Saiten nicht nach der Länge hin gelegt, sondern die Glieder derselben erhöhet, die vordersten Theile der Finger aber stark niedergedrücket werden. Sind die Saiten nicht wohl niedergedrücket: so klingen sie nicht rein. Man erinnere sich immer des am Ende des §. 4. vorgeschriebenen Hülfsmittels; man sey nicht zu weichlich und lasse sich durch die kleine Empfindlichkeit, die diese Uebung anfangs wegen der Ausspannung der Nerven verursachet, nicht abschrecken.

Man merke sich Siebentens als eine Hauptregel, daß man die Finger, die einmal liegen, so lange unverrückt liegen lasse, bis man sie, durch die beständige Verwechselung der Noten, aufzuheben gezwungen wird; und dann lasse man sie gerade ober dem vormals gegriffenen Tone stehen. Man hüte sich einen oder mehr Finger in die Höhe zu strecken, oder beym Aufheben der Finger immer mit der Hand zusammenzurücken, und den kleinen oder noch mehr Finger unter den Hals der Violin zu stecken. Man halte vielmehr die Hand allezeit in einer beständigen Gleichheit und jeden Finger über seinem Tone: um hierdurch sowohl die Sicherheit im Greifen, als die Reinigkeit und Geschwindigkeit im Spielen zu erhalten.

Es muß Achtens die Geige unbeweglich gehalten werden. Dadurch verstehe ich: daß man die Violin nicht immer mit jedem Striche hin und her drehen, und sich dadurch bey den Zuschauern zum Gelächter machen solle. Ein vernünftiger Lehrmeister muß gleich anfangs auf alle dergleichen Fehler sehen, und allezeit die ganze Stellung des Anfängers wohl beobachten, damit er ihm auch nicht den kleinesten Fehler nachsehe: denn nach und nach wird eine eiserne Gewohnheit daraus, die nicht mehr auszuziehen ist. Es giebt eine Menge solcher Unarten. Die gewöhnlichsten derselben sind das Bewegen der Violin; das Hin und Herdrehen des Leibes oder Kopfes; die Krümmung des Mundes oder das Rümpfen der Nase, sonderbar wenn etwas ein wenig schwer zu spielen ist; das Zischen, Pfeifen oder gar zu vernehmliche Schnauben mit dem Athem aus dem Munde, Halse oder Nase bey Abspielung einer oder der andern beschwerlichen Note; die gezwungenen und unnatürlichen Verdrehungen der rechten und linken Hand, sonderheitlich des Ellenbogens; und endlich die gewaltige Bewegung des ganzen Leibes, wodurch sich auch oft der Chor, oder das Zimmer, wo man spielet,

erschüt-

Das zweyte Hauptstück.

erschüttert, und die Zuhörer bey dem Anblicke eines so mühsamen Holzhauers entweder zum Gelächter oder zum Mitleiden beweget werden.

§. 7.

Wenn nun der Lehrling unter genauer Beobachtung der itzt gegebenen Regeln die Musikleiter, oder das sogenannte musikalische A, b, c, abzuspielen angefangen hat; so muß er so lang damit fortfahren, bis er es rein und ohne allen Fehler weg zu geigen im Stande ist. Hier stecket wirklich der größte Fehler, der sowohl von Meistern als Schülern begangen wird. Die |erstern haben oft die Geduld nicht, die Zeit abzuwarten; oder sie lassen sich von dem Discipel verführen, welcher alles gethan zu haben glaubet, wenn er nur bald ein paar Menuete herab kratzen kann. Ja vielmal wünschen die Eltern, oder andere des Anfängers Vorgesetzte nur bald ein dergleichen unzeitiges Tänzel zu hören, und glauben alsdann Wunder, wie gut das Lehrgeld verwendet worden. Allein, wie sehr betrügt man sich! Wer sich nicht gleich anfangs die Lage der Töne durch öfteres Abspielen des A, b, c, rechtschaffen bekannt machet, und wer nicht durch fleißiges Abspielen der Musikleiter es dahin bringet, daß ihm die Ausdehnung und Zurückziehung der Finger so, wie es jeder Ton erfordert; schon so zu reden, natürlich kömmt, der wird allezeit in Gefahr laufen, falsch und ungewiß zu greifen.

§. 8.

Will es etwa einem Anfänger nicht gleich recht angehen, die Violin auf die vorgeschriebene Art frey zu halten; denn alle sind nicht von gleicher Geschicklichkeit: so lasse man ihn die Schnecke der Violin an eine Wand halten; besonders, wenn er die Geige, ohne Furcht daß sie ihm entfalle, nicht anders als mit der ganzen Hand, und mit niedergedrückten Fingern halten kann. Man richte ihm die Hand nach der Vorschrift des §. 4 und 6, und in dieser Stellung lasse man ihn, unter Beobachtung aller oben angeführten Regeln, die Musikleiter abgeigen; man wiederhole diese Uebung wechselsweise bald frey, bald an der Wand; man erinnere ihn öfter, daß er sich die Lage der Hand rechtschaffen einpräge, und fahre so lange fort, bis er es endlich frey abzuspielen im Stande ist.

§. 9.

Es lehret die Erfahrung, daß, weil der erste Finger natürlich immer vorwärts trachtet, der Anfänger anstatt des (F) fa oder puren (F) mit dem ersten

Fin-

Finger auf der (E) Saite allezeit das fis oder (F) mi nehmen will. Hat sich nun der Schüler angewöhnet, durch das Zurückziehen des ersten Fingers das natürliche (F) auf der (E) Saite rein zu greifen: so wird er bey (B♮) mit dem ersten Finger auf der (A) Saite, und bey dem (E) mit dem ersten Finger auf der (D) Saite aus Gewohnheit auch zurück greifen wollen; da doch diese zween Töne, als die natürlich grösseren halben Töne, auch höher müssen gegriffen werden. Der Lehrmeister muß demnach bey der Unterweisung sonderheitlich auf dergleichen Dinge sehen. Ja es wird nothwendig seyn, den Schüler so lang aus dem C Tone spielen zu lassen; bis er die in diesem Tone liegenden natürlich grösseren halben Töne und das pure (F) rein zu greifen weis: sonst wird man der einmal eingewurzelten Gewohnheit, ungewiß und falsch zu greifen, hart oder nimmermehr abhelfen.

§. 10.

Ich kann hier jene närrische Lehrart nicht unberührt lassen, die einige Lehrmeister bey der Unterweisung ihrer Lehrlinge vornehmen: wenn sie nämlich auf den Griff der Violin ihres Schülers die auf kleine Zettelchen hingeschriebenen Buchstaben aufpichen, oder wohl gar an der Saite des Griffes den Ort eines jeden Tones mit einem starken Einschnitte oder wenigstens mit einem Ritze bemerken. Hat der Schüler ein gutes musikalisches Gehör; so darf man sich nicht solcher Ausschweifungen bedienen: fehlet es ihm aber an diesem, so ist er zur Musik untauglich, und er wird besser eine Holzart als die Violin zur Hand nehmen.

§. 11.

Endlich muß ich noch erinnern, daß ein Anfänger allezeit ernstlich, mit allen Kräften, stark und laut geigen; niemals aber schwach und still spielen, noch weniger aber so gar mit der Violin unter dem Arme tändeln solle. Es ist wahr; anfangs beleidiget das rauhe Wesen eines starken und noch nicht gereinigten Striches die Ohren ungemein. Allein mit der Zeit und Gedult wird sich das Rauhe des Klanges verlieren, und man wird auch bey der Stärke die Reinigkeit des Tones erhalten.

Das

Das dritte Hauptstück.

Was der Schüler beobachten muß, bevor er zu spielen anfängt; ingleichem was man ihm anfangs zu spielen vorlegen solle.

§. 1.

Vor der Abspielung eines musikalischen Stückes hat man auf 3 Dinge zu sehen: nämlich auf die Tonart des Stückes; auf den Tact, und auf die Art der Bewegung, die das Stück erfordert, folglich auf die beygesetzten Kunstwörter. Was der Tact ist, und wie man aus den Wörtern, die bey einem Stücke stehen, die Art der Bewegung erkennen kann; beydes ist schon im ersten Hauptstücke gesagt worden. Nun müssen wir auch von der Tonart reden.

§. 2.

In der heutigen Musik sind nur zwo Tonarten, die weiche und die harte (a). Man erkennet sie an der Terze: die Terz aber ist der dritte Ton von eben dem Grundtone, aus welchem das Stück gehet, oder in welchem Tone es gesetzet ist. Die letzte Note eines Stückes zeiget gemeiniglich den Ton des

(b) Einem Violinisten wird diese meine Lehre von den Tonarten unfehlbar nützlicher seyn, als wenn ich ihm vieles von der Alten ihrem Dorius, Phrygius, Lydius, Mixolydius, Oeolius, Jonius, und, durch Hinzusetzung des Hypo von noch andern solchen 6. Tonarten vorschwatze. In der Kirchen genießen sie das Freyungsrecht; bey Hofe aber werden sie nimmer gelitten. Und wenn gleich alle die heutigen Tongattungen nur aus der Tonleiter (C) Dur und (A) moll versetzet zu seyn scheinen; ja wirklich durch Hinzusetzung der (b) und (✗) erst gebildet werden: woher kömmt es denn, daß ein Stück, welches z. E. von (F) ins (G) übersetzet wird, nimmer so angenehm läßt, und eine ganz andere Wirkung in dem Gemüthe der Zuhörer verursachet? Und woher kömmt es denn, daß ein wohlgeübter Musikus bey Anhörung einer Musik augenblicklich den Ton derselben anzugeben weis, wenn sie nicht unterschieden sind.

Das dritte Hauptstück.

des Stückes; die vor dem Stücke ausgesetzten (✳) oder (♭) hingegen die Terz des Tones an. Ist die Terz groß; so ist es die harte Tonart: ist aber die Terz klein; so ist es die weiche. Z. E.

Hier sehen wir, daß dieses Exempel im (D) schliesset. (F) ist von dem (D) der dritte Ton, folglich die Terz. Es ist aber das pure und natürliche (F), denn wir sehen, daß kein Erhöhungszeichen vorausstehet: also geht dieses Exempel aus der weichen Tonart, oder aus dem Mollatione, weil es die kleinere Terz hat.

Der Durton oder der harte Gesang hat die grössere Terz. Z. E.

Dieses Exempel schliesset abermal im (D); allein es ist vor dem Tactzeichen ein Diesis im (F), und eins im (C) angebracht. Es ist also dieses Exempel in der harten Tonart gesetzet: weil das (F) als die Terz vom (D) durch das ✕ erhöhet ist.

§. 3.

Man muß aber auch wissen, daß es von jeder der zwo Tonarten 6 Gattungen giebt; die aber nur der Höhe nach unterschieden sind. Denn jede harte Tonart hat vom Grundtone gerechnet in ihrer Tonleiter folgende Intervallen: Die grosse Secund, die grosse Terz, die reine Quart und ordentliche Quint, und letzlich die grosse Sechst und Septime. Jeder Mollton oder jede weiche Tonart hat in ihrer Tonleiter die grosse Secund und kleine Terz, die richtige Quart, und reine Quint, die kleine Sechst und kleine Septime: obwohl man heut zu Tage besser im Aufsteigen die grosse Sechst und grosse Septime, und nur im Herabsteigen die kleine Sechst und kleine Septime braucht. Ja es macht oft eine weit angenehmere Harmonie, wenn man im Hinaufsteigen auch vor der grössern Septime die kleinere Sechste nimmt. Z. E.

Soll

Das dritte Hauptstück.

Soll denn dieß nicht besser klingen als Folgendes? Und soll denn dieß vorhergehende nicht richtiger und natürlicher in den Mollton treiben, als das Nachkommende?

Einer Singstimme kömmt ein solcher Gang freylich nicht natürlich. Allein alsdann richtet man die Melodie also ein: Z. E.

§. 4.

Die obenstehenden Intervallen eines Durtones liegen in der Tonleiter des C Dur schon natürlich; und die absteigenden Intervallen der weichen Tonart findet man in der diatonischen Scala des A moll: die übrigen Gattungen der Dur und Molltöne aber müssen erst durch (♯) und (♭) gebildet werden. Z. E.

Hier

Das dritte Hauptstück

Hier liegen die Intervallen eines Durtones in der diatonischen Tonleiter.

Hier werden sie durch die vorausgesetzten ($\sharp$) gebildet. Und hier durchs (b).

Weil nun hieraus folget, daß man aus den neben dem Schlüssel stehenden ($\sharp$) oder (b), nebst der Schlußnote, die Tonart eines jeden Stückes erkennen muß: so will ich hier die Bezeichnungen aller Gattungen der Moll und Durtöne hersetzen; wo in einem ganz engen Begriffe zwo gleich bezeichnete Tonarten unter einander zu sehen sind. Man wird aber wohl selbst leicht begreifen, daß z. E. ein im (C) stehendes ($\sharp$) durch alle (C) der hohen, mittlern und tiefen Octav, und ein im (H) stehendes (b) durch alle (H) der hohen, mittlern und tiefen Octav u. s. f. zu verstehen ist.

Das dritte Hauptstück.

Mozarts Violinschule.

66 Das dritte Hauptstück.

Der von einem Durtone um eine Terze abwärts stehende Ton ist also ein Mollton, und sind beyde gleich bezeichnet. Z. E. Die letzte Tongattung hier ist (F) Dur; die Terz abwärts aber ist (D) moll, und beyde haben ein (b) im natürlichen (B) oder (H) vorgezeichnet, um dadurch die nöthigen Intervallen und folglich die Tonart zu bilden.

§. 5.

Mancher glaubet ein Violinist wisse genug, wenn er die grosse und kleine Terz, und nur überhaupt die Quart, Quint, Sechst und Septime kennet, ohne den Unterschied der Intervallen zu verstehen. Man sieht aus den Vorhergehenden schon, daß es ihm sehr nützlich ist; kommt es aber einmal auf die Vorschläge und andere willkührliche Auszierungen an, so sieht man auch die Nothwendigkeit. Ich will demnach alle die einfachen, grösseren und kleineren, wohl und übellautenden Intervallen hersetzen. Die auf der untern Zeile stehende Note soll den Grundton vorstellen, von welcher man nach der obern Note zählen muß.

Die

Das dritte Hauptstück. 67

Das dritte Hauptstück.

Diese heißt man die einfachen Intervallen. Gehet es nun immer höher, so heißt man es alsdann die zusammengesetzten Intervallen. Z. E. Die einmal zusammengesetzten Intervallen.

und also weiter fort. Und doch bleibt immer die grosse oder kleine Terz, die reine, verkleinerte und grosse Quart, u. s. f. wenn man gleich Decime und Undecime spricht. Ja wenn der Grundton tief ist, so kann man mit einer hohen Oberstimme 2, 3 und viermal zusammengesetzte Intervallen darauf bauen; die doch allezeit die Benennung der einfachen Intervallen behalten.

§. 6.

Damit nun ein Anfänger alle Intervallen sich recht bekannt mache und rein abzuspielen erlerne; so will ein paar Tonleitern zur Uibung hersetzen, deren eine durch die (b) die andere durch die (✕) führet (b).

6 Sai=

(b) Auf dem Clavier sind Gis und As, Des und Cis, Fis und Ges, u. s. f. eins. Das machet die Temperatur. Nach dem richtigen Verhältnisse aber sind alle die durch
das

Das dritte Hauptstück. 6

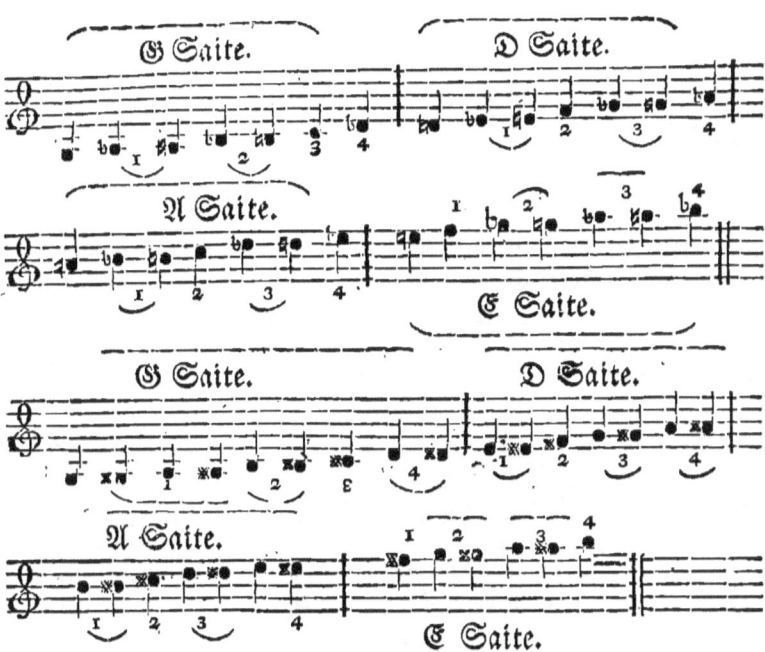

Oben sind die Saiten angemerket; die Finger sind durch die Ziffern angezeiget; die ungezeichneten Noten werden leer gespielet, und folglich bleibt nichts mehr zu erklären übrig, als warum in der zwoten Tonleiter das D 𝄪, A 𝄪, und E mit dem vierten Finger sollen gegriffen werden. Es ist wahr, einige nehmen diese 3 Noten mit dem ersten Finger; und es läßt sich in langsamen Stücken gar wohl thun. Aber in geschwinden Stücken, und sonderbar wenn die nächsten Noten (e) (h) oder (f) gleich darauf folgen, ist es gar nicht thunlich: weil

§ 3.   der

das (b) erniedrigten Töne um ein Komma höher als die durch das 𝄪 erhöhten Noten. Z. E. Des ist höher als Cis; As höher als Gis, Ges höher als Fis, u. s. w. Hier muß das gute Gehör Richter seyn: Und es wäre freilich gut, wenn man die Lehrlinge zu dem Klangmesser (Monochordon) führete.

70 Das dritte Hauptstück.

der Finger in solchem Falle gar zu geschwind gleich nacheinander kömmt. Man versuche es. Z. E.

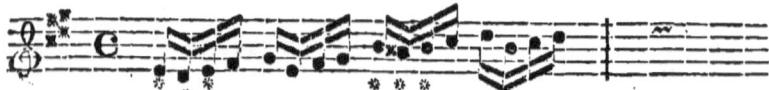

Wer sieht nicht, daß es zu beschwerlich fällt im geschwinden Tempo den ersten Finger hier bey 4 Noten nacheinander zu brauchen? Man nehme also Dis A x und E x mit dem vierten Finger auf der nebenstehenden tiefern Saite.

§. 7.

Ein Anfänger handelt sehr vernünftig, wenn er sich befleißiget, auch das pure D, A und E öfters mit dem vierten Finger auf der nebenzu liegenden tiefern Saite zu nehmen. Denn es wird dadurch gleicher: denn die leeren Saiten schreien stärker als die gegriffenen. Und der kleine Finger wird brauchbarer und geschickter, welchen man den übrigen Fingern gleich stark zu machen sich allezeit rechtschaffen bemühen soll. Mann kann anfangs die leeren Saiten auch dazu streichen; um zu versuchen ob es rein klinget.

§. 8.

Wenn man nun alles, was itzt in diesem Hauptstücke gesaget worden, recht verstehet, so spiele man die ersten 5 Linien der im dritten Abschnitte des ersten Hauptstücks stehenden Tabelle, um in einem recht gleichen Zeitmaaße die richtige Eintheilung der halben Noten in Viertheile, der Viertheile in Achttheile, der Achttheile in Sechszehntheile, u. s. f. in die Uebung zu bringen. Aldann wiederhole man die Lehre von dem Puncte in eben dem dritten Abschnitte des ersten Hauptstücks, und versuche öfters genau nach dem Tacte die achte und neunte Zeile der Tabelle abzuspielen. Endlich nehme man alle in diesem Hauptstücke §. 5 angebrachten Tonleitern vor sich, und lerne sie rein und richtig abzeigen. Damit es aber ordentlicher und dem Begriffe leichter kömmt; so fange man

Das dritte Hauptstück.

71

man zwar bey (C Dur) und (A moll) an, und fahre durch die Tonleitern mit dem Anwachs der Erhöhungszeichen bis auf 6 (☓) fort: hingegen nehme man hernach auch die zuletzt stehenden zwo Tonleitern (F Dur) und (D moll) zum Anfange der mit (b) vorgezeichneten Tonarten, und spiele herwärts durch die immer sich vermehrenden Erniedrigungszeichen bis auf die 6 (b) zurück.

§. 9.

Zum Beschluße dieses Hauptstücks will ich noch ein kleines Exempel hersetzen, welches man mit grossem Nutzen üben wird: weil viele Noten darinnen sind, die zwar gleich nacheinander mit dem nämlichen Finger, aber nicht in gleicher Höhe oder Tiefe, müssen abgespielet werden. Die Noten sind mit (*) bezeichnet: und man erinnere sich, was im vorhergehenden Hauptstücke §. 9. gesagt worden.

Das

70

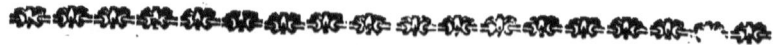

Das vierte Hauptstück.
Von der Ordnung des Hinaufstriches und Herabstriches.
§. 1.

Da die Melodie eine beständige Abwechselung und Vermischung nicht nur höher und tiefer, sondern auch langer und kurzer Töne ist, die durch die Noten ausgedrücket und in ein gewisses Zeitmaaß eingeschränket sind: so müssen nothwendig auch Regeln seyn, welche den Violinisten belehren, wie er den Geigbogen ordentlich und also führen solle; daß durch regelmäßige Strichart die langen und kurzen Noten mit Leichtigkeit und Ordnung vorgetragen werden.

§. 2.

Wenn im gleichem Zeitmaaße, als da sind der 4 und 2 Viertheiltact, auch gleiche Noten abzuspielen sind; so hat es keine Beschwerniß. Z. E.

Die erste Note wird mit dem Herabstriche, die zwote aber mit dem Hinaufstriche genommen, und so wird immer fortgefahren. (a).

§. 3.

(a) Ich ersuche nachdrücklich sich des zweyten Hauptstückes beständig zu erinnern, und alles langsam mit einem immer anhaltenden langen Bogenstrich zu spielen. Man vergesse auch nicht, was ich allda §. 6. erinnert habe. Man lasse die Finger nach jeder Note liegen, bis man sie zu einem andern Tone nothwendig hat. Hier z. E. bleibt der zwente Finger bei der halben Note (c) liegen, bis man die erste Note des zweyten Tactes (g) nehmen muß. Der dritte Finger im dritten Viertheile des zweyten Tactes (b) bleibt liegen, bis man im dritten Tacte die zwote Note (e) nehmen muß, u. s. f. Wer dieses vernachläßiget, wird weder zur Reinigkeit, noch Fertigkeit im Spielen gelangen.

Das vierte Hauptstück.

73

§. 3.

Es kann also die erste und zwar eine Hauptregel seyn: Wenn sich das erste Viertheil eines Tactes mit keiner Sospir anfängt; es sey im gleichen oder ungleichen Zeitmaaße: so bemühe man sich die erste Note jedes Tactes mit dem Herabstriche zu nehmen. Wenn auch gleich der Herabstrich zweymal nacheinander folgen sollte. Z. E.

Man erhält durch diese Uebung die Fertigkeit, den Bogen geschwind zu ändern.

§. 4.

Bey dieser ersten Regel macht nur das geschwindeste Tempo eine Ausnahme. Wie man aber den Strich einrichten muß, daß auf das erste Viertheil eines jeden Tactes der Herabstrich komme; wird die Folge der Regeln lehren. Eine solche Einrichtung des Bogenstriches ist um so nöthiger; weil im geraden oder Viervierthelstacte das dritte Viertheil auch allezeit mit dem Herabstriche muß genommen werden, wie wir in dem ersten Exempel schon gesehen haben. Hier ist noch eins:

§. 5.

Nach jeder der drey folgenden Sospiren (𝄽) (𝄾) (𝄿) muß, wenn sie am Anfange eines Viertheils stehen, der Hinaufstrich gebraucht werden. Z. E.

§. 6.

74 Das vierte Hauptstück.

§. 6.

Wenn aber die Achttheilsospir (𝄾) ein ganzes Viertheil vorstellet; so wird die darauf kommende Note herab gestrichen. Dieses ergiebt sich in dem $\frac{3}{4}$, $\frac{6}{4}$ und $\frac{12}{4}$ Tacte. Z. E.

§. 7.

In dem Allabreve wird die Viertheilsospir nur als ein halbes Viertheil betrachtet. Wenn sie also am Anfange eines Viertheils stehet; so muß die darauf folgende Note mit dem Hinaufstriche genommen werden. Z. E.

Dieses

Das vierte Hauptſtück. 75

Dieſes geſchieht auch im halben und ganzen Trippel. Z. E.

§. 8.

Das zweyte und vierte Viertheil wird meiſtentheils mit dem Hin‍aufſtriche geſpielet: ſonderheitlich wenn in dem erſten und dritten Vier‍theile eine Viertheilſoupir angebracht iſt. Z. E.

§. 9.

Jedes Viertheil, wenn es aus zwo oder vier gleichen Noten be‍ſtehet, wird mit dem Herabſtriche angefangen; es ſey im gleichen oder ungleichen Zeitmaaße.

K 2 §. 10.

76   Das vierte Hauptstück.

§. 10.

Das geschwinde Zeitmaaß giebt hier wieder Gelegenheit zu einer Ausnahme. Denn im ersten Beyspiele des vorigen Paragraphs wird man besser, wenn das Tempo geschwind ist, die zwo (E) Noten in einem Striche, doch also nehmen: daß jede Note durch Erhebung des Bogens vernehmlich von der andern unterschieden wird. Eben also werden im geschwindesten Tempo die vier doppelten Fuseelen im zweyten und britten Tact besser in einem Hinaufstriche zusammen geschleifet. Z. E.

§. 11.

Zwo Noten im zweyten und vierten Viertheile, deren eine punctirt ist, werden allezeit mit dem Hinaufstriche, doch so zusammen genommen; daß, wenn der Punct bei der ersten Note steht, der Bogen bei dem Puncte aufgehoben, und die erste Note von der letztern merklich unterschieden, die letztere aber ganz spät ergriffen wird. Z. E.

§. 12.

Ist hingegen die letzte Note punctirt, und die erste abgekürzet; so werden beide an einem schnellen Hinaufstriche zusammen gezogen. Z. E.

her. hin. her. hin.

Presto.

§. 13.

Das vierte Hauptstück. 71

§. 13.

Wenn 4 Noten in ein Viertheil zusammen kommen; es sey hernach das erste oder zweyte, das dritte oder vierte Viertheil: so wird, wenn die erste und dritte Note punctirt sind, jede Note mit ihrem besondern Striche, doch abgesondert und also vorgetragen: daß die dreymal gestrichene ganz spät ergriffen, die darauf folgende aber, mit geschwinder Abänderung des Striches, gleich daran gespielet wird. Z. E.

§. 14.

Trift aber von ohngefähr auf die erste solcher vier Noten der Hinaufstrich; so werden die ersten zwo Noten in einem Striche zusammen, doch mit Erhebung des Bogens von einander abgesondert vorgetragen: um hierdurch den Bogenstrich wiederum in seine Ordnung zu bringen Z. E.

§. 15.

Wenn 4 Noten in einem Viertheil sind, deren die zwote und vierte punctirt ist; so werden allezeit zwo und zwo in einem Bogenstriche zusammen gezogen. Man muß aber die punctirte Note weder zu geschwind

78 Das vierte Hauptstück.

schwind auslassen, noch bey dem Puncte nachdrücken, sondern selbe ganz gelind
aushalten. Eben dieß hat man sonderheitlich §. 12. zu merken. Z. E.

§. 16.

Die letzte Note eines jeden Tactes, ja eines jeden Viertheiles, hat gemeiniglich den Hinaufstrich. Z. E.

Wie auch der sogenannte Aufstrich sich allezeit mit dem Hinaufstriche anfängt. Z. E.

Was aber der Aufstrich ist, wird man aus dem §. 24. im dritten Abschnitt des ersten Hauptstückes wissen.

§. 17.

Wenn 3 ungleiche Noten in einem Viertheile zusammen kommen, deren eine langsam und zwo geschwindere sind; so werden die zwo geschwindern in einem Bogenstriche zusammen geschleifet: ist aber
eine

Das vierte Hauptstück.   79

eine der zwo geschwinden punctirt; so werden sie zwar an einem Bogenstriche, doch abgestoßen vorgetragen. Hier sind Exempel.

Dergleichen Figuren werden aber auch oft zu Ausdrückungen eines besondern musikalischen Geschmackes auf eine ganz andere Art vorgetragen: wie wir im zweyten Abschnitt des siebenten Hauptstückes lehren werden. Ja es giebt Fälle, wo man sie aus Nothwendigkeit anders vortragen muß; um die Strichart in ihrer Ordnung zu erhalten, oder vielmehr, um den Strich wieder in die Ordnung zu bringen.

§. 18.

Wenn bey 3 ungleichen Noten die zwo geschwinden oder kürzern voran stehen; nach der darauf kommenden längern Note aber unmittelbar ein Punct folget: so muß man jede der zwo geschwindern Noten mit einem besondern Bogenstriche abgeigen. Z. E.

§. 19.

80   Das vierte Hauptstück.

§. 19.

Man merke sich demnach als eine richtige Regel: Wenn bey einer langen und zwo kurzen Noten die erste der zwo kurzen mit dem Herabstriche genommen wird; so wird jede derselben mit ihrem besondern Striche gegeiget. Z. E.

Kömmt aber die erste der zwo geschwinden Noten mit dem Hinaufstriche, so bleibt es bey der Regel §. 17.

Hier ist von beyden ein Exempel. Ich verstehe es aber allezeit von den Figuren, wo die lange Note vor den zwo kürzern stehet. Und dieß eräugnet sich meistentheils in den Trippeltacten.

§. 20.

Die nach einer halben Note im geraden Tacte unmittelbar folgende Note wird herab gestrichen. Z. E.

§. 21.

Wenn 3 Noten abzuspielen sind, deren die mittlere zertheilet werden muß; wovon schon im dritten Abschnitte des ersten Hauptstückes ist gesprochen worden; so muß man beobachten, ob mehrere solche Figuren gleich nach einander folgen. Sind es mehrere? so wird der Bogenstrich

Das vierte Hauptstück. 81

genstrich ohne Absicht auf die bisher gegebenen Regeln nach den vor Augen liegenden Noten hin und her gezogen. Z. E.

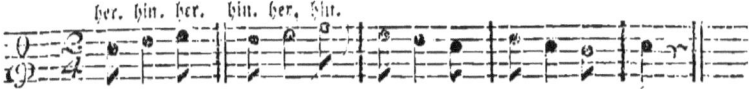

Oder in geschwinden Noten.

Man muß aber hierbey bemerken, daß die mittlere Note zwar in Gedanken, aber nicht in der Ausübung soll zertheilet werden: das ist, man muß die mittlere, nämlich die längere Note mit dem Bogenstriche etwas stärker angreifen, keineswegs aber durch einen Nachdruck vernehmlich abtheilen; sondern nach Erforderung des Zeitmaaßes still aushalten.

§. 22.

Ein anders ist es, wenn der Componist die Strichart durch ein Verbindungszeichen eigens anzeiget. Z. E.

Denn hier verbindet er die zwote und dritte Note mit einander: sie werden also in einem Hinaufstriche zusammen geschleifet. Man muß aber in solchem Falle nicht nur die mittlere Note nicht durch einen Nachdruck in zweenen Theilen hören lassen: sondern man muß auch noch dazu die dritte Note ganz gelind an die zwote halten, ohne dieselbe besonders anzustoßen.

§. 23.

Es wird allezeit so gespielet, wenn nur eine Figur von solcher Art vorkömmt: Denn man erhält hierdurch, nach der Hauptregel, den Herab-

82 Das vierte Hauptstück

strich bey dem Anfange eines Tactes, und bleibt folglich mit dem Striche in der Ordnung. Z. E.

Man vergesse nicht die mittlere Note mit dem Hinaufstriche etwas stärker anzugreifen; die dritte Note aber durch ein sich verlierendes Piano gelind daran zu schleifen.

§. 24.

Wenn die zwote und dritte Note nicht auf einer Seyte können gegriffen werden; so werden sie zwar in einem Hinaufstriche genommen: der Bogen wird aber nach der zwoten Note etwas aufgehoben. Z. E.

Dies geschieht auch bei Noten die auf einer Linie oder in einem Tone stehen.

§. 25.

Oft ist anstatt der ersten Note eine Sospir angebracht. Dann kann man die zwote und dritte zusammen hängen, oder jede besonders vortragen. Will mans zusammen hängen; so bedienet man sich des Hinaufstriches: damit man bey dem ersten Viertheile des folgenden Tactes den Herabstrich wieder erhält. Z. E.

Will-

Das vierte Hauptstück. 83

Will man hingegen die Noten absondern, und jede mit ihrem eigenen Striche abspielen; so fängt man mit dem Herabstriche an. Hier ist das Beyspiel.

§. 26.

Wenn vor und nach der Note, die man zertheilen muß, zwo kurze Noten stehen; so werden entweder die ersten zwo, oder die letzten zwo in einem Striche zusammen geschleifet. Z. E.

§. 27.

Es giebt manchesmal 3, 4, 5, ja, durch das Verbindungszeichen, ganze Reihen solcher Noten, welche dem Zeitmaaße nach müssen zertheilet werden. Solche Noten werden alle, ohne Rücksicht auf die vorigen Regeln, wie sie vor Augen liegen, mit dem Hinaufstriche und Herabstriche fortgespielet. Man besehe hier einige Beyspiele.

§. 28.

84   Das vierte Hauptstück.

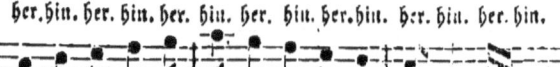

§. 28.

Ein Anfänger findet die gröſte Beschwerlichkeit in den Trippeltacten. Denn da das Zeitmaaß ungleich ist, so leidet die Hauptregel im 3. §. darunter; und man muß besondere Regeln haben, um dadurch den Strich immer wieder in die Ordnung zu bringen. Eine neue Hauptregel mag seyn: Wenn im ungleichen Zeitmaaße nur Viertheilnoten vorkommen; so müſſen allezeit von drey Noten zwo in einem Striche zusammen genommen werden. Sonderheitlich wenn man im folgenden Tacte geschwindere oder sonst vermischte Noten vorsiehet. Zum Beispiele.

§. 29.

(*) Dieß ist der einzige Fall, wo man die Vertheilung der Noten durch einen kleinen Nachdruck des Bogens vernehmlich vorzutragen pfleget: nämlich wenn mehr solche zu zertheilende Noten im geschwinden Zeitmaaße hintereinander vorkommen.

Das vierte Hauptstück.

§. 29.

Nun ist die Frage: Ob man die ersten oder letzten zwo Noten zusammen schleifen solle? Und noch eine andere Frage ist: Ob, und wenn man sie schleifen oder abstoßen müsse? Beydes kömmt auf das Singbare eines Stückes an, und hängt von dem guten Geschmacke, und von einer richtigen Beurtheilungskraft des Spielenden ab, wenn es der Componist anzumerken vergessen, oder selbst nicht verstanden hat. Doch kann einigermassen zur Regel dienen: Daß man die nahe beysammen stehenden Noten mehrentheils schleifen, die von einander entfernten Noten aber meistentheils mit dem Bogenstriche abgesondert vortragen, und hauptsächlich auf eine angenehme Abwechselung sehen solle. Z. E.

§. 30.

86   Das vierte Hauptstück.

§. 30.

Geschieht es etwa von ungefehr, daß jede der 3. Viertheilnoten mit ihrem besondern Striche ist abgespielet worden; so muß man gleich darauf bedacht seyn, den Strich in dem darauf folgenden Tacte wieder in Ordnung zu bringen. Sind in dem folgenden Tacte noch so viel Noten, Z. E.

so muß man die ersten zwo in dem Hinaufstriche zusammen nehmen, die übrigen aber jede mit ihrem eigenen Striche abspielen.

§. 31.

Wenn nach drey Viertheilnoten, deren jede mit ihrem besondern Striche ist genommen worden, im ersten Viertheile des darauf folgenden Tactes zwo Noten stehen, in den zwey andern Viertheilen aber wieder 2. Viertheilnoten sind; so werden die zwo Noten des ersten Viertheils in einem Hinaufstriche gespielet. Z. E.

§. 32.

Man pflegt den Strich immer hin und her zu ziehen, wenn durch einige Tacte nacheinander Viertheilnoten gesetzet sind. Z. E.

Bey

Das vierte Hauptstück.

87

Bey dem ersten Viertheile des zweyten Tactes bekommt man zwar allezeit den
Hinaufstrich: der Strich kömmt aber gleich im dritten Tacte wieder in seine
Ordnung. Man unterscheide die erste Note eines jeden Viertheiles durch einen
starken Anstoß mit dem Bogen; und in dem ¾ Tacte stosse man auch das vierte
Viertheil, in dem 12/8 Tacte das erste, vierte, siebente und zehente Viertheil stark an: nicht in der Absicht, daß alle dergleichen Passagen auf diese Art
müssen gespielet werden; sondern um die Fertigkeit zu erlangen, aller Orten,
wo es nöthig ist, die Stärke anbringen zu können.

§. 33.

Wenn in dem ⅜, ⅜, oder 12/8 Tacte, zwey Viertheile mit 4. Sechs-
zehntheilnoten ausgefüllet sind, auf welche eine Achttheilnote folget; so
werden die 2. Viertheile oder die 4. Sechzehntheilnoten, in einem
Herabstriche zusammen gezogen. Sonderheitlich, wenn das Tempo geschwind ist. Z. E.

§. 34.

Im geschwindesten Zeitmaaße, besonders im 12/8 Tacte, kann man
solche Figuren auch gar in einem Striche zusammen nehmen. Z. E.

§. 35.

88 Das vierte Hauptstück.

§. 35.

Diese Figur ist oft umgekehrt: Es stehet nämlich die Achttheilnote vor den 4. Sechzehntheilnoten. In solchem Falle schleifet man die ersten zwo Sechzehntheilnoten in einem Hinaufstriche zusammen; hingegen wird jede der zwo letzten mit ihrem besondern Striche gespielet. Z. E.

§. 36.

Ist aber das Tempo gar geschwind, so werden die 4. doppelten Fusellen in dem Hinaufstriche zusammen gezogen. Z. E.

§. 37.

Nun kann der Schüler die im dritten Abschnitte des ersten Hauptstückes eingerückte Tabelle völlig abspielen lernen: um sich recht im Tacte fest zu setzen. Denn hat er des Striches halben einen Zweifel; so mag er sich in diesen Regeln umsehen: kann er aber bey der Vermischung unterschiedlicher Noten im Tacte nicht recht fortkommen; so muß er aus zwo doppelten, anfangs eine machen. Z. E. Es wären etwa in einem musikalischen Stücke diese Noten abzuspielen.

Das vierte Hauptstück.

so nehme er im ersten und zweyten Viertheile anstatt der zwo Sechzehntheilnoten nur derselben erste, nämlich die Note (E), und im zweyten Tacte, die Note (D); er mache aber aus jeder eine Achttheilnote, und spiele sie also: er merke sich die Gleichheit und die Zeitlänge genau, und schleife bey der Wiederholung die zwote Note also daran, daß hierzu nicht mehrere Zeit erfordert wird, als bey Abspielung der Achttheilnote nöthig war. Eben so muß der Lehrling mit dem ersten und dritten Viertheile der eilften Linie, und mit dem zweyten und vierten Viertheile der zwölften Linie in der Tabelle verfahren. Uebrigens will ein Anfänger meinem Rathe folgen, so spiele er die Tabelle nicht allein nach der Ordnung der Linien weg; sondern er spiele auch den ersten Tact gleich nacheinander durch alle Zeilen, alsdann den zweyten, folglich den dritten, u. s. f. um durch die beständige Abänderung der Figuren sich im Tacte sicher zu setzen.

§. 38.

Damit aber der Schüler gleich etwas zur Uebung der vorgeschriebenen Strichesregeln bey Handen habe; so will ich ein paar Beyspiele in verschiedenen Tactsveränderungen hersetzen, und bey den gleichen Noten den Anfang machen, die durch viele Tacte immer nacheinander fortlaufen. Eben diese laufenden Noten sind jener Stein des Anstoßes, über welchen mancher hin stolpert, der doch von der Eigenliebe geblendet sich ganz kräftig einbildet, er wisse richtig, gleich, und sicher fortzugehen. Mancher Violinist, der sonst nicht unartig spielet, geräth bey dem Abspielen solcher immer fortlaufenden gleichen Noten so sehr in das Eilen: daß er, wenn es einige Tacte dauert, wenigstens um ein Viertheil vorauskömmt. Man muß demnach solchem Uebel vorbeugen, und dergleichen Stücke anfangs langsam, mit langen anhaltenden Bogenstrichen, die immer auf der Geige bleiben, nicht fortreibend, sondern zurückhaltend abspielen, und sonderheitlich die zwo letzten von vier gleichen Noten nicht verkürzen. Gehet es auf diese Art gut; so versucht mans etwas geschwinder. Man stößt alsdann die Noten mit kürzern Bogenstrichen, und man übet sich nach und nach immer mehr und mehr in der Geschwindigkeit; doch also: daß man allezeit so endet, wie man angefangen hat. Hier ist das Beyspiel.

90   Das vierte Hauptstück.

Das vierte Hauptstück.

§. 39.

In diesem und in allen folgenden Exempeln ist ein zweytes Violin als eine Unterstimme beygesetzet: damit der Lehrmeister und der Schüler solche wechselweis mit einander abspielen können. Um aber alles recht deutlich zu machen: so sind die Regeln des Striches durch Zahlen angezeiget: wie schon in der Tabelle, und auch in der Unterstimme des vorhergehenden Beyspieles zu sehen ist.

Das vierte Hauptstück.

Sie zeigen den Paragraph an, in welchem man die Regel von der Art des Striches nachsuchen mag. Wenn aber die Regel einmal angezeiget ist; so wird sie in dem nämlichen Exempel nimmermehr angemerket. Nur dieses muß ich noch erinnern, daß der Lehrmeister diese vorgeschriebenen Beyspiele seinem Schüler ja nicht vorspiele: denn hiedurch würde er sie nur nach dem Gehör, und nicht nach dem Grunde der Regeln abzugeigen lernen. Der Lehrmeister lasse ihn vielmehr jeden Tact des Stückes in die Viertheile austheilen; nach diesem den Tact schlagen, und sage ihm, daß er zu gleicher Zeit, als er den Tact schlägt, die Abtheilung der Viertheile sich, durch genaue Betrachtung des Stückes, in Gedanken vorstelle. Nachdem mag er zu spielen anfangen: wozu der Lehrmeister den Tact schlagen, und nur wo es die Noth erfordert mit ihm geigen, die Unterstimme aber erst dazu spielen muß, wenn der Discipel die Oberstimme schon gut und rein abgeigen kann.

Hier sind die Stücke zur Uebung. Je unschmackhafter man sie findet, je mehr vergnügt es mich: also gedachte ich sie nämlich zu machen.

Das vierte Hauptstück.

94 Das vierte Hauptstück.

Das vierte Hauptstück.

96 Das vierte Hauptstück.

Das vierte Hauptstück. 97

Mozarts Violinschule. N

98   Das vierte Hauptstück.

Das vierte Hauptstück. 99

100   Das vierte Hauptstück.

Man kann den 4, 5 und 6 Tact auch nach der Regel des 33. §. abspielen, Z.E.

Diese und die folgenden Gattungen der Tacte pfleget man zu langsamen Melodien zu gebrauchen.

Das vierte Hauptstück.

Man darf also alle Noten mit einem langen Hinauf- und Herabstriche abgeigen, ohne dadurch die Regeln von der Strichart sehr zu beleidigen.

Das fünfte Hauptstück.
Wie man durch eine geschickte Mäßigung des Bogens den guten Ton auf einer Violin suchen und recht hervor bringen solle.

§. 1.

Es mag etwa einigen scheinen, als wäre gegenwärtige Abhandlung am unrechten Orte angebracht, und hätte dieselbe vielmehr gleich anfangs sollen eingeschaltet werden; um den Schüler schon bey dem Ergreifen der Violin zu der Hervorbringung eines reinen Tones geschickt zu machen. Doch wenn man erwäget, daß ein Anfänger, um zu geigen, auch nothwendig eine Strichart wissen muß; und wenn man betrachtet, daß er genug zu thun hat, alle die vorgeschriebenen nothwendigen Regeln genau zu beobachten, und mit vieler Sorge bald auf den Strich, bald auf die Noten, bald auf den Tact und auf alle die übrigen Zeichen sehen muß: so wird man mirs nicht verargen, daß ich diese Abhandlung bishieher versparet habe.

§. 2.

Daß man gleich anfangs die Geige etwas stark beziehen solle, ist schon oben im zweyten Hauptstücke §. 1. gesagt worden: und zwar darum: damit durch das starke Niederdrücken der Finger, und kräftige Anhalten des Bogens die Glieder abgehärtet und dadurch ein starker und männlicher Bogenstrich erobert werde. Denn was kann wohl abgeschmackter seyn, als wenn man sich nicht getrauet die Geige recht anzugreifen; sondern mit dem Bogen (der oft nur mit zweenen Fingern gehalten wird) die Sayten kaum berühret, und eine so künstliche Hinaufwispelung bis an den Sattel der Violin vornimmt, daß man nur da und dort eine Note zischen höret, folglich nicht weiß, was es sagen will:

weil

Das fünfte Hauptstück.   103

weil alles lediglich nur einem Traume gleichet (a). Man beziehe also die Geige etwas stärker; man bemühe sich allezeit mit Ernst und mannhaft zu spielen, und endlich befleißige man sich auch bei der Stärke die Töne rein vorzutragen, dazu die Abtheilung des Bogens in das Schwache und Starke das meiste beitragen wird.

§. 3.

Jeder auch auf das stärkeste ergriffene Ton hat eine kleine obwohl kaum merkliche Schwäche vor sich: sonst würde es kein Ton, sondern nur ein unangenehmer und unverständlicher Laut seyn. Eben diese Schwäche ist an dem Ende jedes Tones zu hören. Man muß also den Geigebogen in das Schwache und Starke abzutheilen, und folglich durch Nachdruck und Mäßigung die Töne schön und rührend vorzutragen wissen.

§. 4.

Die erste Abtheilung kann diese seyn: Man fange den Herabstrich oder den Hinaufstrich mit einer angenehmen Schwäche an; man verstärke den Ton durch einen unvermerkten und gelinden Nachdruck; man bringe in der Mitte des Bogens die gröste Stärke an, und man mäßige dieselbe durch Nachlassung des Bogens immer nach und nach, bis mit dem Ende des Bogens sich auch endlich der Ton gänzlich verlieret.

Fig. I.

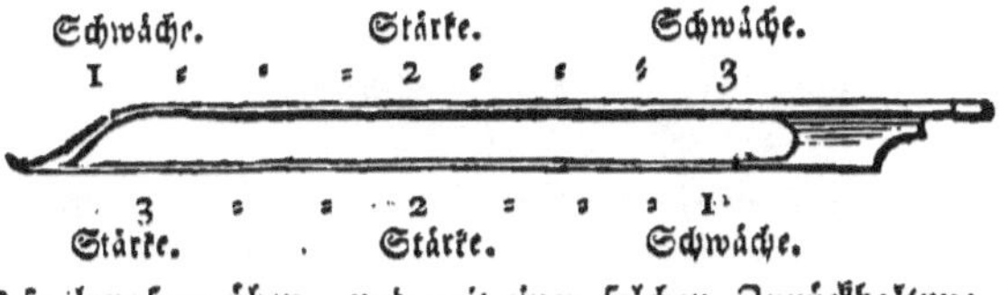

Schwäche.   Stärke.   Schwäche.
  1   2   3

  3   2   1
Stärke.   Stärke.   Schwäche.

Man muß es so langsam üben, und mit einer solchen Zurückhaltung des Bogens, als es nur möglich ist: um sie hierdurch in den Stand zu setzen, in einem

Adagio

(a) Solche Luftviolinisten sind so verwegen, daß sie die schwerestem Stücke aus dem Stegereif weg zu spielen, keinen Anstand nehmen. Denn ihre Wispeley, wenn sie gleich nichts treffen, höret man nicht: Dieß aber heißt bei ihnen angenehm spielen. Die gröste Stille dünket sie sehr süsse. Müssen sie laut und stark spielen; alsdann ist die ganze Kunst auf einmal weg.

Adagio eine lange Note zu der Zuhörer grossem Vergnügen rein und zierlich auszuhalten. Gleichwie es ungemein rührend ist, wenn ein Sänger ohne Athem zu holen eine lange Note mit abwechselnder Schwäche und Stärke schön aushält. Man hat aber auch hierbey sonderheitlich zu merken, daß man den Finger der linken Hand, mit der man die Saite greift, bey der Schwäche etwas weniges auflasse, und den Bogen ein bißchen von dem Stege oder Sattel entferne: wo man hingegen bey der Stärke mit den Fingern der linken Hand die Saiten stark niederdrücken, den Bogen aber näher an den Steg rücken muß.

§. 5.

Bei dieser ersten Abtheilung sonderheitlich, wie auch bei den folgenden soll der Finger der linken Hand eine kleine und langsame Bewegung machen, welche aber nicht nach der Seite, sondern vorwärts und rückwärts gehen muß. Es muß sich nämlich der Finger gegen den Steg vorwärts und wieder gegen die Schnecke der Violin zurück, bey der Schwäche des Tones ganz langsam, bei der Stärke aber etwas geschwinder bewegen.

§. 6.

Die zwote Abtheilung des Bogens mag auf folgende Art gemacht werden. Man fange den Strich stark an, man mäßige selben immer unvermerkt und endige ihn letzlich ganz schwach.

Fig. IV.

Schwäche. — immer abnehmend. — Stärke.
3   2   1

1   2   3
Stärke.   immer abnehmend.   Schwäche.

Ich verstehe es von dem Hinaufstrich wie von dem Herabstriche. Beides muß fleißig geübet werden. Diese Art braucht man mehr bei kurzen Aushaltungen im geschwinden Zeitmaaße, als in langsamen Stücken.

§. 7.

Das fünfte Hauptstück.

§. 7.

Die dritte Abtheilung ist folgende. Man fange den Strich mit der Schwäche an; man verstärke selben nach und nach gelind, und endige ihn mit der Stärke.

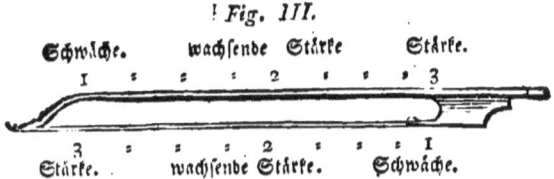

Fig. III.

Schwäche.   wachsende Stärke   Stärke.
1 : : : 2 : : : 3
3 : : : 2 : : : 1
Stärke.   wachsende Stärke.   Schwäche.

Auch dieses muß mit dem Herabstriche und Hinaufstriche geübet werden, welches von allen Abtheilungen zu verstehen ist. Nur muß man beobachten, daß man den Strich bey der Schwäche des Tones recht langsam, bey der anwachsenden Stärke etwas geschwinder, bey der endlichen Stärke aber ganz geschwind hinaus ziehe.

§. 8.

Man versuche die vierte Abtheilung mit zweymal angebrachter Schwäche und Stärke in einem Bogenstriche.

Fig. IV.

Schwach. Stark. Schwach. Stark. Schwach.
1 : 2 : 1 : 2 : 1

Man versuche es aber hinauf und herab. Die Zahl (1) zeiget die Schwäche, die Zahl (2) hingegen die Stärke an: es hat folglich die Stärke jedesmal eine gelinde Schwäche vor und nach sich. Die hier nur zweymal angebrachte Stärke kann zwischen abwechselnder Schwäche vier, fünf und sechsmal, ja noch öfter in einem Striche vernehmlich vorgetragen werden. Man lerne durch die Uebung dieser und der vorigen Abtheilungen, die Schwäch- und Stärke in allen Theilen des Bogens anzubringen; folglich ist es sehr nützlich.

Mozarts Violinschule.   O   §. 9.

Das fünfte Hauptstück.

§. 9.

Es läßt sich aber noch ein sehr nützlicher Versuch machen. Man bemühe sich nämlich, einen ganz gleichen Ton in einem langsamen Bogenstriche hervorzubringen. Man ziehe den Bogen von einem Ende zu dem andern mit einer vollkommenen gleichen Stärke. Man halte aber den Bogen rechtschaffen zurück: denn je länger und gleicher der Strich gemacht werden: je mehr wird man Herr seines Bogens, welches zu vernünftiger Abspielung eines langsamen Stückes höchst nothwendig ist.

§. 10.

Durch die fleißige Uebung dieser Abtheilungen des Striches wird man geschickt, den Bogen zu mäßigen: durch die Mäßigung aber erhält man die Reinigkeit des Tones. Die auf der Violin gespannten Saiten werden durch den Geigebogen in die Bewegung gebracht; diese bewegten Saiten zertheilen die Luft, und dadurch entstehet der Klang und Ton, den die Saiten bey deren Berührung von sich geben. Wenn nun eine Saite öfter nach einander gestrichen, folglich jedesmal aus der vorigen Erzitterung in eine neue, entweder gleiche, oder langsamere, oder auch noch geschwindere Bewegung gesetzet wird; nachdem nämlich die auf einander folgenden Striche sind: so muß nothwendig jeder Strich mit einer gewissen Mäßigung gelind angegriffen, und ohne Erhebung des Bogens mit einer so anhaltenden Verbindung genommen werden; daß auch der stärkeste Strich die bereits schon in die Erzitterung gebrachte Saite ganz unvermerkt aus der wirklichen in eine andere Bewegung bringe. Dieß will ich durch jene Schwäche verstanden haben, von welcher §. 3 schon etwas ist erinnert worden.

§. 11.

Wenn man rein spielen will, kömmt auch vieles darauf an, daß man auf die Stimmung der Violin sieht. Ist sie tief gestimmet; so kann man den Bogen von dem Sattel etwas entfernen: ist sie aber hoch gestimmet; so kann man sich dem Sattel mehr nähern. Hauptsächlich aber muß man sich bey der (D) und (G) Saite alle Zeit mehr vom Sattel entfernen, als auf der (A) und (E) Saite. Die Ursach hievon ist ganz natürlich. Die dicken Saiten sind am Ende, wo sie aufliegen, nicht so leicht zu bewegen: und will man es mit Gewalt thun; so geben sie einen rauhen Ton von sich. Doch verstehe ich keine

weite

Das fünfte Hauptstück.

weite Erfernung. Der Unterschied beträgt nur etwas weniges: und da eben nicht alle Violinen gleich sind; so muß man auf jeder den Ort sorgfältig zu suchen wissen, wo die Saiten mit Reinigkeit in einen gelinden oder gähen Schwung zu bringen sind: wie es nämlich das Singbare des abzuspielenden Stückes erfordert. Uebrigens darf man die dicken und tiefen Saiten allezeit stärker angreifen, ohne das Gehör zu beleidigen; denn sie zertheilen und bewegen die Luft langsam und schwach, folglich klingen sie nicht so scharf in den Ohren: die feinen und stark angespannten Saiten hingegen sind von einer geschwinden Bewegung, und durchschneiden die Luft stark und geschwind; man muß sie also mehr mäßigen, weil sie schärfer in das Gehör bringen.

§. 12.

Durch diese und dergleichen nützliche Beobachtungen, muß man die Gleichheit des Tones zu erhalten sich alle Mühe geben; welche Gleichheit aber auch bey Abwechselung des Starken (forte) mit dem Schwachen (piano) allezeit muß beybehalten werden. Denn das piano bestehet nicht darinnen, daß man den Bogen geschwind von der Violin weglasse, und nur ganz gelind über die Saiten hingleische; dadurch ein ganz anderer und pfeifender Ton entstehet: sondern die Schwäche muß die nämliche Klangart haben, welche die Stärke hatte: nur daß sie nicht so laut in die Ohren fällt. Man muß also den Bogen von der Stärke so in die Schwäche führen, daß allezeit ein guter, gleicher, singbarer und, so zu reden, runder und fetter Ton gehöret wird, welches durch eine besondere Mäßigung der rechten Hand, sonderbar aber durch ein gewisses artiges Steifhalten, und abwechselndes gelindes Nachlassen des Handgliedes muß bewerkstelliget werden: so man aber besser zeigen als beschreiben kann.

§. 13.

Jeder, der die Singkunst ein bißchen verstehet, weis, daß man sich eines gleichen Tones befleißigen muß. Denn wem würde es doch gefallen, wenn ein Singer in der Tiefe oder Höhe bald aus dem Halse, bald aus der Nase, bald aus den Zähnen u. s. w. singen, oder gar etwa dazwischen falsetiren wollte? Die Gleichheit des Tones muß also auch auf der Violin nicht nur bey der Schwäche und Stärke auf einer Saite, sondern auf allen Saiten und mit solcher Mäßigung beobachtet werden, daß eine Saite die andere nicht übertäube.

Das fünfte Hauptstück

Wer ein Solo spielt, handelt sehr vernünftig, wenn er die leeren Saiten selten oder gar nicht hören läßt. Der vierte Finger auf der tiefern Nebensaite wird allezeit natürlicher und feiner klingen: weil die leeren Saiten gegen die gegriffenen zu laut sind, und gar zu sehr in die Ohren dringen. Nicht weniger wird ein Solospieler alles, was immer möglich ist, auf einer Saite heraus zu bringen suchen; um stäts im gleichen Tone zu spielen. Es sind also jene gar nicht zu loben, welche das piano so still ausdrücken, daß sie sich kaum selbst hören; bey dem forte aber ein solches Raspeln mit dem Geigebogen anfangen, daß man, besonders auf den tiefern Saiten, keinen Ton unterscheiden kann, und lediglich nichts anders, als ein unverständliches Geräusch höret. Wenn nun auch das beständige Einmischen des sogenannten Flascholets noch dazu kömmt; so entstehet eine recht lächerliche, und, wegen der Ungleichheit des Tones, eine wider die Natur selbst streitende Musik, bey der es oft so still wird, daß man die Ohren spitzen muß, bald aber möchte man wegen des jähen und unangenehmen Gerassels die Ohren verstopfen (*b*).

§. 14.

Zur Gleichheit und Reinigkeit des Tones trägt auch nicht wenig bey, wenn man vieles in einem Bogenstriche weis anzubringen. Ja es läuft wider das Natürliche, wenn man immer absetzet und ändert. Ein Singer, der bey jeder kleinen Figur absetzet, Athem holen, und bald diese bald jene Note besonders vortragen wollte, würde unfehlbar jedermann zum Lachen bewegen. Die menschliche Stimme ziehet sich ganz ungezwungen von einem Tone in den andern: und ein vernünftiger Singer wird niemal einen Absatz machen, wenn es nicht eine besondere Ausdrückung, oder die Abschnitte und Einschnitte erfordern (*c*). Und wer weis denn nicht, daß die Singmusik allezeit das Augenmerk
aller

(*b*) Wer das Flascholet auf der Violin will hören lassen, der thut sehr gut, wenn er sich eigens Conzerte oder Solo darauf setzen läßt, und keine natürliche Violinklänge da unter mischet.

(*c*) Die Abschnitte und Einschnitte sind die Incisiones, Distinctiones, Interpunctiones u. s. f. Was aber dieß vor Thiere sind muß ein guter Grammatikus, noch mehr ein Rhetor und Poet wissen. Hier siehet man aber, daß es auch ein guter Violinist wissen soll. Einem rechtschaffenen Componisten ist diese Wissenschaft unentbehrlich, sonst ist er das fünfte Rad am Wagen: denn die Diastolica (von διαστολη) ist eine der nothwendigsten Sachen in der melodischen Setzkunst. Ein besonderes Naturel ersetzet

Das fünfte Hauptstück.

aller Instrumentisten seyn soll: weil man sich in allen Stücken dem Natürlichen, so viel es immer möglich ist, nähern muß? Man bemühe sich also, wo das Singbare des Stückes keinen Absatz erfordert, nicht nur bey der Abänderung des Striches den Bogen auf der Violin zu lassen und folglich einen Strich mit dem andern wohl zu verbinden; sondern auch viele Noten in einem Bogenstriche und zwar so vorzutragen: daß die zusammen gehörigen Noten wohl aneinander gehänget, und nur durch das forte und piano von einander in etwas unterschieden werden.

§. 15.

Dieses Wenige mag einem fleißig Nachdenkenden genug seyn, durch öfteres Versuchen zu einer geschickten Mäßigung des Bogens zu gelangen, und eine angenehme Verbindung des Schwachen mit dem Starken an einem Bogenstriche nach und nach hervor zu bringen. Ich würde auch hier eine gewisse nützliche Beobachtung eingeschaltet haben, die zur Uebung den Ton rein aus der Violin zu bringen nicht wenig beyträgt, wenn ich sie nicht lieber, wegen der Doppelgriffe, und wegen der dazu nöthigen Applicatur in den dritten Abschnitt des achten Hauptstückes verschoben hätte. Man wird sie im zwanzigsten Paragraph finden.

setzet zwar manchmal den Abgang der Gelehrsamkeit; und oft hat, leider! ein Mensch, bey der besten Naturgabe die Gelegenheit nicht, sich in den Wissenschaften umzusehen. Wenn nun aber einer, von dem man glauben soll, er habe studiret, merkliche Proben seiner Unwissenheit ableget, das läßt einmal gar zu ärgerlich. Was kann man wohl von jenem denken, der nicht einmal in seiner Muttersprache 6 reine Wörter in Ordnung setzen und verständlich zu Papier bringen kann, dem allem aber ungeachtet ein gelehrter Componist heissen will? Eben ein solcher, der wenigstens dem Scheine nach die Schulen durchgelaufen ist, um in den Stand zu kommen, in dem er sich nun auch befindet; eben dieser schrieb einsmal an mich, sowohl nach dem Verdienste der Materie, als auch der grammatikalischen Schreibart nach, unendlich schlechten Brief, der alle so ihn lasen der dummesten Unwissenheit des Verfassers überzeugete. Er wollte in diesem Schreiben eine musikalische Streitigkeit entscheiden, und die Ehre eines seiner würdigen Freunde rächen. Es gerieth aber so, daß sich der einfältige Vogel in seinem eigenen Garne fieng, und zu einem öffentlichen Gelächter wurde. Seine Einfalt rührte mich, ich ließ den armen Tropfen laufen: obwohl ich zur Belustigung meiner Freunde schon eine Antwort niedergeschrieben hatte.

Das sechste Hauptstück.
Von den sogenannten Triolen.

§. 1.

Ein Triole oder sogenanntes Dreyerl ist eine Figur von 3 gleichen Noten, welche 3 Noten, da sie ihrem Zeitmaaße nach, unter welchem sie stehen, nur als zwo anzusehen sind, auch also unter sich müssen eingetheilet werden, daß alle 3 nicht mehr Zeitraum ausfüllen, als man zu Abspielung zwoer derselben bedarf. Es ist demnach bey jedem Dreyerl eine überflüssige Note, mit der sich die beyden andern so vergleichen müssen, daß der Tact nicht im mindesten dadurch geändert wird.

§. 2.

So zierlich diese Triolen sind, wenn sie gut vorgetragen werden; so abgeschmackt klingen sie, wenn sie ihren rechten und gleichen Vortrag nicht haben. Wider dieses fehlen gar viele, und zwar auch solche, die sich nicht wenig auf ihre musikalische Wissenschaft zu gute thun, bey allem dem aber nicht im Stande sind 6, bis 8 Triolen in der gehörigen Gleichheit abzuspielen; sondern entweder die ersten oder die letzten zwo Noten geschwinder abgeigen, und, anstatt.

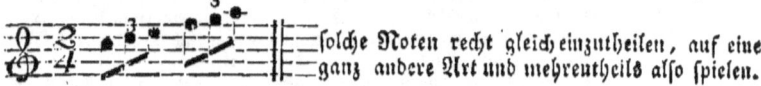solche Noten recht gleich einzutheilen, auf eine ganz andere Art und mehrentheils also spielen.

oder

welches doch ganz etwas anders saget, und der Meinung des Componisten schnurgerade entgegen läuft. Diese Noten werden eben deßwegen mit der Zahl (3) bemerket, um dieselben desto eher gleich von andern unterschieden zu können, und ihnen den erforderlichen, eigenen, und keinen andern Ausdruck zu geben.

§. 3.

Das sechste Hauptstück.

III

§. 3.

Jede Figur läßt sich durch die Strichart vielmal verändern; wenn sie auch nur in wenigen Noten bestehet. Diese Veränderung wird von einem vernünftigen Componisten mehrentheils angezeiget, und muß bey Abspielung eines Stückes genau beobachtet werden. Denn ist es in solchen Stücken, wo mehr als einer aus einer Stimme zusammen spielen; so muß es ohnedem der Gleichheit halben geschehen, welche die Spielenden unter sich beobachten sollen: ist es aber in einem Solo; so will der Componist seine Affecten dadurch ausdrücken, oder wenigstens eine beliebte Abwechselung machen. Die Triolen sind auch solchen Veränderungen unterworfen, wo der Bogenstrich alles unterscheidet, was man immer zur Ausdrückung dieses oder jenes Affects bedarf, ohne der Natur eines Dreyerl entgegen zu seyn.

§. 4.

Anfangs kann man jede Note mit ihrem besondern Striche abgeigen; wie es sich nach Beobachtung der vorgegangenen Strichregeln ergiebt. Hier ist ein Exempel.

§. 5.

§. 5.

Will man aber das erste der zwey Triolen mit dem Herabstriche, und das zweyte mit dem Hinaufstriche zusammen schleifen, so hat man schon eine Veränderung. Man besehe das Exempel, welches man anfangs ganz langsam, nach und nach aber allezeit geschwinder üben muß.

Das sechste Hauptstück.

Nicht nur in diesem Exempel wo die (*) Zeichen sind; sondern auch in allen dergleichen Fällen muß anstatt der leeren Saite die tiefere Nebensaite mit dem vierten Finger gegriffen werden. Man ist hiedurch der unbequemen Bewegung mit dem Bogen überhoben, und man erhält einen gleichen Ton; wie wir schon aus dem 13. §. des vorhergehenden Hauptstückes wissen.

§. 6.

114 Das sechste Hauptstück.

§. 6.

Ganz anders klingen die Triolen, wenn die erste Note eines Dreyerts mit dem Herabstriche ganz allein schnell weggespielet wird; die zwo andern aber im Hinaufstriche zusammen geschleifet werden. Es muß aber bey dieser, bey der vorhergehenden und bey allen nachfolgenden Veränderungen die Gleichheit der Noten des Spielenden einziges Augenmerk seyn. Hier ist das Beyspiel.

Das sechste Hauptstück.

Es kann auch, anstatt der ersten Note eine Sospir stehen.

§. 7.

Man kehre den Strich um, und schleife die zwo ersten Noten im Herabstriche, und stoße die letzte im Hinaufstriche nach der Anweisung des folgenden Exempels.

Hier

116   Das sechste Hauptstück.

Hier muß ich erinnern, daß man die erste Note eines Dreyerls im vorhergehenden Exempel des 6, §., und die letzte Note jedes Dreyerls in dem gegenwärtigen Beyspiele zwar schnell wegspielen, allein nicht mit einer übertriebenen Stärke, und zwar so närrisch abreissen solle, daß man sich dadurch bey den Zuhörern lächerlich machet. Die, so diesen Fehler an sich haben, pflegen auch bey gewissen Figuren, und zwar Z. E.

hier die erste Note, oder auch aller Orten, wo sie nur eine Note allein erwischen können, solche so possierlich weg zu zupfen, daß sie jedermann gleich bey dem ersten Anblicke zum Lachen bewegen.

§. 8.

In geschwinden Stücken muß man oft zwey Triolen, folglich 6. Noten in einem Striche zusammen nehmen. Wenn also mehr Triolen auf einander folgen; so werden die ersten 6. Noten mit dem Herabstriche, die andern 6. Noten aber mit dem Hinaufstriche genommen. Man muß aber die erste jeder 6. Noten etwas stärker anstossen, die übrigen 5. Noten ganz gelind daran schleifen, und also durch die vernehmliche Stärke die erste von den übrigen fünf Noten unterscheiden. Z. E.

Das sechste Hauptstück. 117

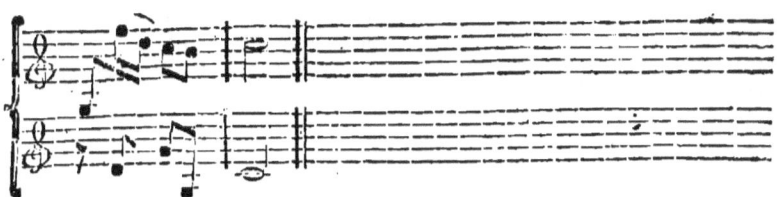

Es geschieht aber auch oft in langsamen Stücken. Z. E.

§. 9.

Will man aber eine solche Passage mit Nachdruck und Geist abspielen; so nehme man die erste Note von 2. Triolen oder von 6. Noten mit dem Herabstriche, die übrigen 5. Noten aber schleife man in dem Hinaufstriche zusammen. Z. E.

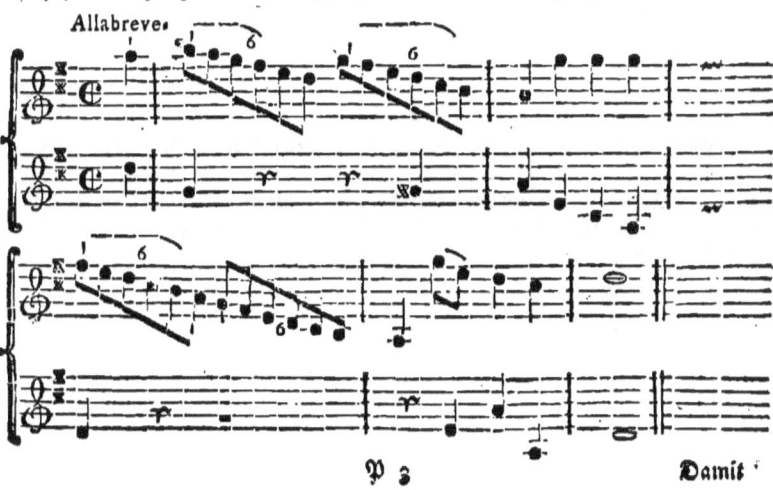

Damit

118　　　　　Das sechſte Hauptſtück.

Damit ſich ein Anfänger auch an die Dreyerl in einer andern Tactesart, und an die unterſchiedliche Schreibart gewöhne; ſo ſind hier zwey Triolen zuſammen gehänget, mit der Zahl (6) bezeichnet, und in dem Allabreve Tact ausgebracht.

§. 10.

Wenn anſtatt der erſten Note zweyer Triolen eine Sospir hingeſetzet iſt; ſo werden die übrigen Noten mit gutem Erfolge in einem Hinaufſtriche zuſammen gezogen. In langſamen Stücken läßt dieſe Art ungemein gut; ſonderbar wenn die erſten zwo Noten etwas ſtärker angegriffen; die übrigen aber ohne den Bogen nachzudrucken oder aufzuheben ganz ſtill und gelind daran geſchleifet werden. Hier iſt ein Beyſpiel:

Man kann es auch verſuchen das erſte Viertheil mit dem Hinaufſtriche, das zweyte mit dem Herabſtriche zu nehmen.

§. 11.

Es läßt ſich eine Paſſage zwar auf die vorige Art, doch wieder ganz anders vortragen: wenn man nämlich die 5. Noten in einem Hinaufſtriche abſtöſſet und jede durch einen kurzen Nachdruck unterſcheidet. Wie das vorige beweglich klinget: ſo läßt dieß etwas kecker und hat mehr Geiſt; ſonderbar wenn es mit Stärke und Schwäche ausgezieret wird. Z. E.

§. 12.

Das sechste Hauptstück. 119

§. 12.

Will man hingegen eine solche Figur recht verächtlich und frech ausdrücken; so stoße man jede Note mit einem besondern Bogenstriche hart und kurz weg, welches den ganzen Vortrag ändert und von dem vorigen merklich unterscheidet. Z. E.

§. 13.

Wenn zwey Triolen, die singbar gesetzet sind, mit einer Sospir anfangen; so kann man sie sehr artig und schmeichelnd in einem verzogenen Striche vortragen; wenn man nämlich die erste, zwote und dritte Note im Hinaufstriche, die vierte, und fünfte aber im Herabstriche zusammen schleift. Man muß aber die erste des Hinaufstriches etwas stärker angreifen, und die übrigen alle, auch bey der Wendung des Striches, immer stiller daran schleifen. Z. E.

§. 14.

In einem Tempo, welches nicht zu langsam noch übertrieben ist, kann man die erste Note eines Dreyerls mit dem Herabstriche allein, die zwote und dritte aber in dem Hinaufstriche zusammen nehmen; doch also: daß jede der zwo letzen Noten abgesondert klinge. Dieß muß durch die Erhebung des Bogens geschehen. Man besehe das Exempel:

§. 15.

120　　　· Das sechste Hauptstück.

§. 15.

Man kann eine Veränderung machen, die man gleich von allen andern unterscheidet: wenn man zwar drey Noten, aber nicht die gewöhnlichen drey, zusammen schleifet; sondern von jedem Dreyerl die zwote und dritte Note mit der ersten Note des darauf folgenden Dreyerls oder einer andern nachkommenden Figur verbindet. Man muß aber sonderbar auf die Gleichheit der Triolen sehen, und die Stärke oder den Nachdruck nicht am Anfange, sondern am Ende des Bogens anbringen: sonst fällt dieser Nachdruck auf den unrechten Ort, nämlich auf die zwote Note; da er doch auf die erste Note fallen muß. Das Exempel wird es klärer machen.

§. 16.

Zur Nachahmung, oder zur Ausdrückung und Erregung dieser oder jener Leidenschaft werden auch solche Figuren erdacht, durch deren karaktermässiges Abspielen man der Natur am nächsten zu kommen glaubet. Wenn z. E. jedes Dreyerl mit einer Soepir anfängt; so kann ein klägliches Seufzen nicht besser ausgedrücket werden, als wenn die übrigen zwo Noten mit Abwechselung des Forte und Piano im Hinaufstriche zusammen geschleifet werden. Man muß aber den Strich mit einer sehr mäßigen Stärke anfangen, und ganz still enden. Man versuche es in dem folgenden Beispiele.

§. 17.

Das sechste Hauptstück.

§. 17.

Man kann auch viele Triolen in einem Bogenstriche zusammen schleifen; sonderbar im geschwinden Tempo. Z. E.

Die ersten 6 Triolen werden in dem Herabstriche, die andern 6 aber in dem Hinaufstriche, doch also gespielet: daß die erste Note eines jeden Tactes durch den Nachdruck des Bogens mit einer Stärke bemerket wird. Man wird sich übrigens auch noch wohl erinnern, was §. 5. wegen der mit (*) bemerkten Noten gesprochen worden. In diesem Beyspiele sind auch solche Gänge; und man muß überhaupt wegen der leeren Saiten niemals eine Saite verlassen, sondern allezeit den vierten Finger brauchen.

§. 18.

Wenn man es noch anders abspielen will; so darf man nur die erste Note von 2. Triolen allein, die 4 folgenden Noten in einem Schleifer zusammen, die letzte aber wieder ganz allein abgeigen: so hat man eine neue Veränderung. Z. E.

Adagio.

Das sechste Hauptstück.

§. 19.

Dieß sind nun jene Veränderungen der Triolen, die mir itzt beyfallen. Sie können in allen Gattungen des Tactes gebrauchet, und nach Erforderung der Umstände bald besonders bald vermischt angebracht werden. Man wird mir wohl vorwerfen; daß ich die bisher eingeschalteten Beyspiele nicht meistentheils in (C) Dur hätte setzen sollen? Es ist wahr, sie sind fast alle in dem nämlichen Tone angebracht. Aber ist es denn nicht besser, wenn ein Anfänger die diatonische Tonleiter sich rechtschaffen bekannt macht; als wenn er aus mehr Tonleitern zu spielen anfängt, ohne eine derselben vorher vom Grunde zu verstehen? Ist es einem Schüler nicht vorträglicher, wenn er sich in jener Tonleiter übet, wo die Intervallen schon natürlich liegen, und er folglich hierdurch alle Töne gut in das Gehör bekömmt; als wenn er bald aus dieser bald aus jener Tonart spielet, aller Orten falsch greift, dadurch in eine Verwirrung geräth, und etwa gar so unglücklich wird, daß er das Falsche von dem Reinen nimmer unterscheiden kann. Solche Leute kommen gemeiniglich dahin, daß sie letztlich so gar ihre Violin rein zusammen zu stimmen verlernen. Es giebt lebendige Beyspiele hiervon.

Das

Das siebente Hauptstück.
Von den vielen Veränderungen des Bogenstriches.

Des siebenten Hauptstücks erster Abschnitt.
Von der Veränderung des Bogenstriches bey gleichen Noten.

§. 1.

Daß der Bogenstrich alles unterscheide, haben wir schon in dem vorhergehenden Hauptstücke in etwas eingesehen. Das gegenwärtige wird uns gänzlich überzeugen, daß der Bogenstrich die Noten belebe; daß er bald eine ganz modeste, bald eine freche, bald eine ernsthafte, bald eine scherzhafte, itzt eine schmeichelnde, itzt eine gesetzte und erhabene, itzt eine traurige, itzt aber eine lustige Melodie hervorbringe, und folglich dasjenige Mittelding sey, durch dessen vernünftigen Gebrauch wir die erst angezeigten Affecten bey den Zuhörern zu erregen in den Stand gesetzet werden. Ich verstehe, wenn der Componist eine vernünftige Wahl trifft; wenn er die jeder Leidenschaft ähnlichen Melodien wählet, und den gehörigen Vortrag recht anzuzeigen weis. Oder wenn ein wohlgeübter Violinist selbst eine gesunde Beurtheilungskraft besitzet, die, so zu reden, ganz nackenden Noten mit Vernunft abzuspielen; und wenn er sich bemühet, den Affect zu finden, und die hier folgenden Stricharten am rechten Orte auszubringen.

§. 2.

124 Des siebenten Hauptstücks, erster Abschnitt.

§. 2.

Gleiche nacheinander fortlaufende Noten sind schon vieler Veränderung unterworfen. Ich will eine einzige Passage zum Grunde legen, welche man anfangs ganz platt wegspielen, und jede Note mit ihrem eigenen Bogenstriche besonders vortragen mag. Man befleißige sich einer genauen Gleichheit, und bemerke die erste Note eines jeden Viertheiles mit einer Stärke, welche den ganzen Vortrag begeistert. Z. E.

§. 3.

Wenn zwo und zwo Noten mit dem Herabstriche und Hinaufstriche zusammen geschleifet werden; so hat man gleich eine Veränderung. Z. E.

Die erste zwoer in einem Striche zusammen kommender Noten wird etwas stärker angegriffen, auch etwas länger angehalten; die zwote aber ganz still und etwas später daran geschleifet. Diese Art des Vortrages befördert den guten Geschmack durch das Singbare, und es hindert das Forttreiben durch das Zurückhalten.

§. 4.

Man nehme die erste Note mit dem Herabstriche allein; die 2 folgenden aber schleife man in einem Hinaufstriche zusammen; so hat man eine zwote Veränderung. Z. E.

Man

Des siebenten Hauptstücks, erster Abschnitt.

Man vergesse aber die Gleichheit der 4 Noten nicht; sonst möchten etwa die 3 letzten Noten gar wie Triolen klingen und also vorgetragen werden:

§. 5.

Schleift man die ersten 3 Noten in dem Herabstriche zusammen, und nimmt die vierte in dem Hinaufstriche abgesondert und allein; so entstehet eine dritte Veränderung. Man erinnere sich aber allezeit der Gleichheit.

§. 6.

Es erwächst eine vierte Veränderung, wenn die ersten zwo Noten in dem Herabstriche zusammen geschleifet werden; jede der zwo folgenden hingegen mit ihrem besondern Striche schnell weg gespielet und abgestoßen wird. Diese Art wird mehrentheils im geschwinden Zeitmaaße gebrauchet; und es ist als eine Ausnahme der im 9. §. des vierten Hauptstückes angebrachten Strichregel anzusehen: weil sich das erste Viertheil zwar mit dem Herabstriche, das zweyte aber mit dem Hinaufstriche u. s. f. anfängt. Z. E.

§. 7.

Nimmt man nun die dritte und vierte Note auch in einem Bogenstriche zusammen; doch also, daß die ersten zwo Noten, wie im vorhergehenden Paragraph, herunter geschleifet, die zwo letzten aber in dem Hinaufstriche mit Erhebung des Bogens abgesondert vorgetragen werden: so hat man eine fünfte Veränderung. Z. E.

261 Des siebenten Hauptstücks, erster Abschnitt.

§. 8.

Eine sechste Veränderung erhält man, wenn man die erste Note im Herabstriche ganz allein schnell abstößt; die zwote und dritte in dem Hinaufstriche zusammen schleifet; die vierte aber im Herabstriche wieder besonders und schnell weg spielet. Auch hier fängt sich das zweyte und vierte Viertheil, wider die im 9. §. des vierten Hauptstückes vorgeschriebene Regel, mit dem Hinaufstriche an. Man spiele die erste und letzte Note jedes Viertheils mit einem schnellen Striche; sonst entstehet eine Ungleichheit des Zeitmaaßes.

her. hin. her. hin. her. hin. her.   hin.

§. 9.

Es läßt sich eine solche Paßage auch artig vortragen, wenn man die erste Note mit dem Herabstriche abstößt; die zwote und dritte mit dem Herabstriche zusammen schleifet; die letzte aber mit dem ersten des folgenden Viertheils durch den Herabstrich in einem Schleifer verbindet, und so immer fortfährt, daß so gar die letzte Note an die vorletzte geschleifet wird. Dieß mag die siebente Veränderung seyn.

§. 10.

Man kann ferner die 4. Sechzehntheilnoten des ersten Viertheils in dem Herabstriche, die vierte des zwoten Viertheils hingegen in dem Hinaufstriche zusammen

Des siebenten Hauptstücks, erster Abschnitt.

sammen schleifen, und so immer fortfahren. Dieß giebt eine achte Veränderung. Man muß aber die erste Note eines jeden Viertheils durch die Stärke unterscheiden.

§. 11.

Es giebt gleich eine neue und neunte Veränderung, wenn man das erste und zweyte Viertheil, folglich 8 Noten in dem Herabstriche; das dritte und vierte Viertheil aber, als die andern 8 Noten, in dem Hinaufstriche doch also zusammen schleifet, daß die erste Note eines jeden Viertheils durch einen starken Nachdruck des Geigebogens bemerket, und von den übrigen unterschieden wird. Die Gleichheit des Zeitmaaßes wird hierdurch befördert; der Vortrag wird deutlicher und viel lebhafter; und der Violinist gewöhnet sich dadurch an einen langen Bogenstrich. Hier ist das Beyspiel:

§. 12.

In einem geschwinden Zeitmaaße, und um eine neue Uibung und zehnte Veränderung zu machen, mag man auch gar einen ganzen Tact an einem Striche wegspielen. Man muß aber auch hier wie in der vorigen Art die erste Note eines jeden Viertheils mit einem Nachdruck bemerken. Z. E.

§. 13.

128 Des siebenten Hauptstücks, erster Abschnitt.

§. 13.

Will man sich nun aber an einen recht langen Bogenstrich gewöhnen; will man viele Noten in einem Striche mit Nachdruck, Deutlichkeit und Gleichheit vorzutragen lernen, und folglich sich recht Meister seines Bogens machen: so kann man mit grossem Nutzen diese ganze Passage an einem einzigen Bogenstriche bald hinauf, bald herunter abspielen. Man vergesse aber nicht bey der ersten Note eines jeden Viertheiles den Nachdruck anzubringen, welcher jedes Viertheil von dem andern deutlich unterscheiden muß. Dieß ist die eilfte Veränderung

§. 14.

Wenn man nun so viele Noten in einem Bogenstriche zusammen zu schleifen sich recht geübet hat; so muß man auch lernen den Bogen aufheben und mehrere Noten in einem Striche abgesondert vortragen: welches eine zwölfte Veränderung giebt. Z. E.

Die ersten zwo Noten werden zwar in dem Herabstriche, und die zwo andern in dem Hinaufstriche genommen: doch werden sie nicht geschleifet; sondern sie werden durch die Erhebung des Bogens von einander getrennet und abgestossen.

§. 15.

Eben also kann man auch die erste Note mit dem Herabstriche nehmen; die übrigen 3 hingegen in einem Striche abstossen. Welches die dreyzehnte Abänderung seyn mag.

§. 16.

Des siebenten Hauptstücks, erster Abschnitt. 129

§. 16.

Will man es das vierzehntemal abändern, so darf man nur die 4. Noten des ersten Viertheils in dem Herabstriche zusammen schleifen; die 4. Noten des zweyten Viertheils hingegen in dem Hinaufstriche abgesondert vortragen. Man vergesse aber die Gleichheit des Zeitmaaßes nicht: denn bey dem zweyten und vierten Viertheile kann man gar leicht in das Eilen gerathen. Hier ist das Beyspiel:

§. 17.

Hat man in den Paragraphen 11, 12 und 13 einen ganzen, ja gar zweene Tacte in einem Schleifer weg zu spielen geübet; so muß man auch viele Noten an einem Bogenstriche abstoßen lernen. Man schleife also das erste Viertheil in dem Herabstriche; die 12. Noten der übrigen 3. Viertheile hingegen spiele man zwar an einem Hinaufstriche; man trenne und unterscheide sie aber durch eine geschwinde Erhebung des Bogens. Hier hat man eine fünfzehnte Abänderung.

Diese Art des Vortrags wird einem Anfänger etwas schwer kommen. Es gehört eine gewisse Mäßigung der rechten Hand dazu, und eine Zurückhaltung des Bogens die mehr gezeiget, und durch die Uebung selbst gefunden, als mit

130 Des siebenten Hauptstücks, erster Abschnitt.

Worten kann erkläret werden. Die Schwere eines Geigebogens trägt vieles bey; nicht weniger die Länge oder Kürze. Ein schwerer und langer Bogen muß leichter geführet, und etwas weniger zurück gehalten werden; ein leichter und kurzer Bogen wird mehr niedergebrückt und mehr zurücke gehalten. Die rechte Hand muß überhaupts hiebey ein bißchen steif gemacht, das Anhalten und Nachlassen derselben aber muß nach der Schwere und Länge oder nach der Leichtigkeit und Kürze des Bogens gemäßiget werden. Die Noten müssen in einem gleichen Tempo, und mit gleicher Kraft ausgedrücket und nicht übereilet oder, so zu reden, verschlucket werden. Absonderlich aber muß man den Bogen so einzuhalten und zu führen wissen, daß gegen das Ende des zweyten Tactes noch so viel Kraft zurücke bleibt, die am Ende dieser Passage stehende Viertheilnote (⊕) an dem nämlichen Striche mit einer merklichen Stärke zu unterscheiden.

§. 18.

Endlich kann man auch noch eine sechzehente Veränderung machen. Wenn man nämlich die erste Note mit dem Herabstriche besonder abgeiget; und die 3 folgenden zwar in einem Hinaufstriche zusammen nimmt, die zwote und dritte aber zusammen schleifet, die vierte hingegen durch eine geschwinde Erhebung des Bogens abstößt. Z. E.

her. hin.

Doch läßt diese Art des Vortrags besser, wenn die Noten mehr von einander entfernet, oder, so zu reden, springend gesetzet sind. Z. E.

§. 19.

Man muß aber nicht glauben, als könnte man dergleichen Veränderungen nur im gleichen Zeitmaaße anbringen. In dem ungleichen Zeitmaße
kann

Des siebenten Hauptstücks, erster Abschnitt. 131

kann man die nämlichen und noch viele andere machen. Ich will, was mir beyfällt, hersetzen: doch hoffe ich, man wird aus den vorhergehenden vielen Beyspielen und deren Bezeichnungen so viel erlernet haben, daß man die folgenden Exempel, ohne einer fernern Erklärung, nach den darauf gesetzten Zeichen wegzuspielen keinen Anstand haben wird. Zum Ueberflusse will ich noch sagen, daß man jede der unbezeichneten Noten mit ihrem eignen Striche abgeigen, die mit kleinen Strichen markierten Noten schnell wegspielen, die mit dem Halbcirkel bezeichnete Noten in einem Striche zusammen schleifen und die nebst dem Cirkel auch mit kleinen Strichen bemerkten Noten zwar an einem Striche, doch mit Erhebung des Bogens abgestoßen vortragen muß.

Die erste Noten eines jeden Viertheils wird hier stark angegriffen.

Der Strich wird hier immer hin und her gezogen.

132 Des siebenten Hauptstücks, erster Abschnitt.

Des siebenten Hauptstückes, erster Abschnitt. 133

134 Des siebenten Hauptstücks, erster Abschnitt.

26.

Des siebenten Hauptstückes, erster Abschnitt. 135

Des siebenten Hauptstücks, erster Abschnitt.

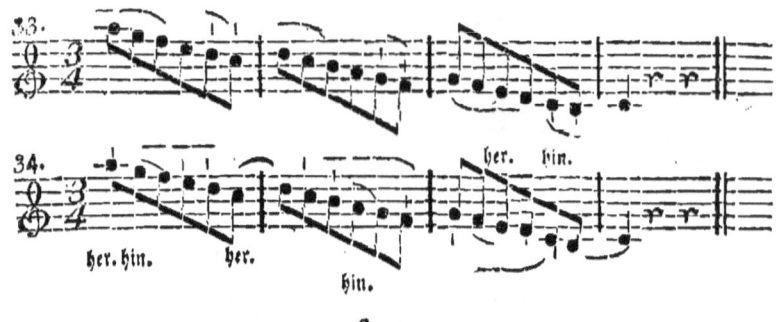

§. 20.

Es ist aber nicht genug, daß man dergleichen Figuren nach der angezeigten Strichart platt wegspiele: man muß sie auch so vortragen, daß die Veränderung gleich in die Ohren fällt. Freylich gehörte eine dergleichen Lehre des schmackhaften Vortrags in eine eigene Abhandlung: Von dem guten musikalischen Geschmack. Allein warum soll man denn nicht bey guter Gelegenheit auch etwas vom guten Geschmack mitnehmen, und den Schüler an einen singbaren Vortrag gewöhnen? Ein Anfänger wird dadurch geschickter die Regeln des Geschmackes seiner Zeit besser einzusehen; und der Lehrmeister hat alsdann nur halbe Mühe solche ihm beyzubringen. Wenn nun in einem musikalischen Stücke 2. 3. 4. und noch mehr Noten durch den Halbcirkel zusammen verbunden werden, daß man daraus erkennet, der Componist wolle solche Noten nicht abgesondert, sondern in einem Schleifer singbar vorgetragen wissen: so muß man die erste solcher vereinbarten Noten etwas stärker angreifen, die übrigen aber ganz gelind und immer etwas stiller daran schleifen. Man versuche es in den vorigen Beyspielen. Man wird sehen, daß die Stärke bald auf das erste, bald auf das andere oder dritte Viertheils, ja oft sogar auf die zwote Helfte des ersten, zwoten oder dritten Viertheils fällt. Dieß verändert nun unstreitig den ganzen Vortrag: und man handelt sehr vernünftig, wenn man diese und dergleichen Passagen, sonderheitlich die vier und dreyßigste, anfangs recht langsam abspielet; um sich die Art jeder Veränderung rechtschaffen bekannt, nachdem aber erst durch eine fleißige Uebung geläufiger zu machen.

Des

137

Des siebenten Hauptstücks
zweyter Abschnitt.
Von der Veränderung des Bogenstriches bey Figuren, die aus unterschiedlichen und ungleichen Noten zusammen gesetzet sind.

§. I.

Daß ein melodisches Stück nicht aus pur lauter gleichen Noten zusammen gesetzet ist, dieß weis ein jeder. Man muß demnach auch lernen, wie man die aus ungleichen Noten zusammen gefügten Figuren nach der Anzeige eines vernünftigen Componisten (a) abspielen solle. Es giebt derselben aber so viele, daß es nicht möglich ist sich aller zu erinnern. Ich will, was mir beyfällt, gleich nach einander hersetzen. Wenn ein Anfänger diese alle richtig wegspielet; dann wird er sich in andere dergleichen Sätze gar leicht zu finden wissen. Hier sind sie.

(a) Es giebt leider solche Halbcomponisten genug, die selbst die Art eines guten Vortrags entweder nicht anzuzeigen wissen, oder den Fleck neben das Loch setzen. Von solchen Stümpern ist die Rede nicht: in solchem Falle kömmt es auf die gute Beurtheilungskraft eines Violinisten an.

2. (a)
her. hin.
(b)
her. hin.
punctiert.
(c)
her. hin.
3. (a)
her. hin.
(b) p f p f p f
her. hin. her. hin.
4. (a)
her. hin.
(b)
besser. her. hin. her.
5. (a)
her. hin.
(b) f p f p f p f p
her. hin. her. hin.
noch singbarer.
6. (a)
(b)
her. hin.
(c)
her. hin.
7. (a)
her. hin.
(b)
her. hin.

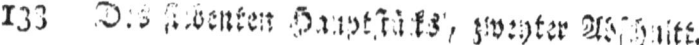

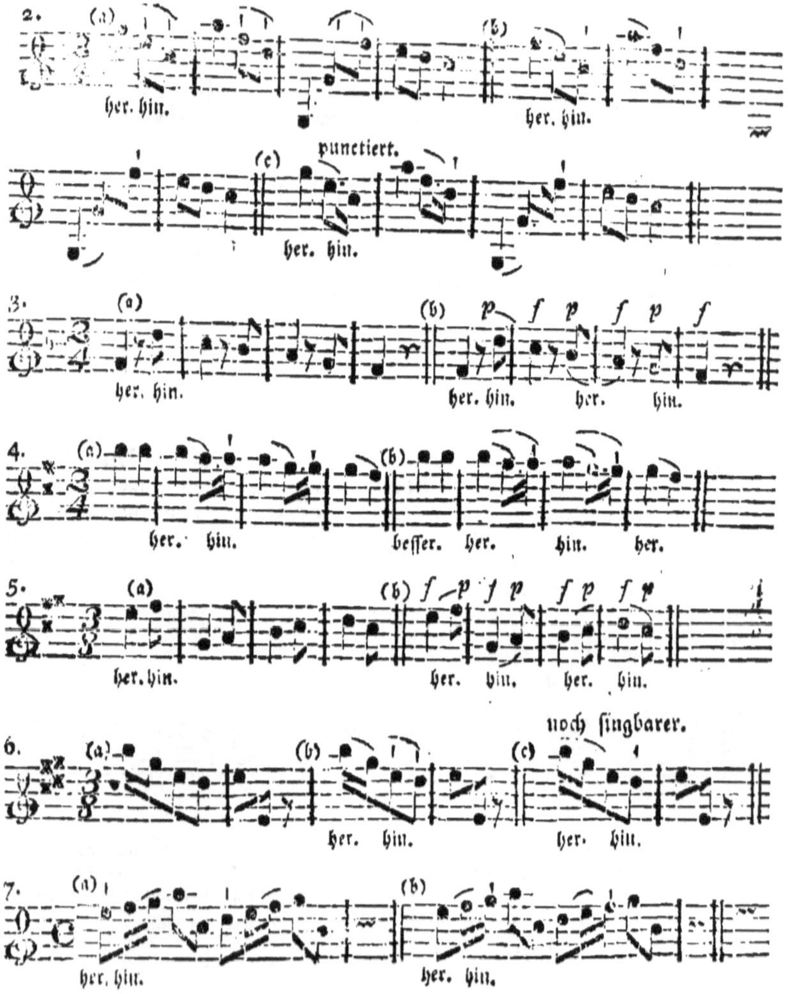

Des siebenten Hauptstücks zweyter Abschnitt. 139

140　Des siebenten Hauptstücks, zweyter Abschnitt.

17.

Des siebenten Hauptstücks, zweyter Abschnitt. 141

142 Des siebenten Hauptstücks, zweyter Abschnitt.

Des siebenten Hauptstücks, zweyter Abschnitt. 143

144 Des siebenten Hauptstücks, zweyter Abschnitt.

Des siebenten Hauptstücks, zweyter Abschnitt 145

Hier werden mehrere Noten an einem Bogenstriche vorgetragen.

§. 2.

Bei allen diesen Passagen und derselben Abänderung will ich, wie allemal, die Gleichheit des Zeitmaaßes recht sehr empfohlen haben. Man kann gar bald im Tempo irren: und man eilet nicht leichter, als bey den punctirten Noten, wenn man die Zeit des Puncts nicht aushält. Man thut demnach allezeit besser, wenn man die nach dem Puncte folgende Note etwas später ergreift. Denn bey den Noten, die durch die Erhebung des Bogens abzustoßen sind, wird der Vortrag lebhafter; wie bey N. 2. (c). N. 4. (a). und (b). N. 8. (a). (c). und (b). N. 12. (a). N. 24. (a). und (b). N. 26. allezeit bey der zwoten punctirten Note in (a). und (b). Bey geschleiften Noten hingegen wird der Vortrag nahrhaft, singbar und angenehm. Man muß aber die punctirte Note nicht nur allein lange anhalten; sondern selbe etwas stark angreifen, und die zwote verlierend und still daran schleifen, wie bey N. 8. (b). N. 12. (b). N. 22. (b). und (c). und die erste punctirte Note in N. 26. (a). und (b). Ferner in N. 29. (c) und in 30. (c).

§. 3.

Eben dieß muß man bey den Noten beobachten, die einen Punct nach sich haben, auf welchen zwo geschwinde Noten folgen, die in einem Schleifer zusammen kommen; wie z. E. in N. 15. bey (a). (b). und (c). N. 16. (a). und (b). N. 18. (a). (b). und (c). N 23. (a). (a). und (b). N. 25. (a). und (b). N. 27. (a) (b) und (c). Man muß allemal den Punct eher zu lang

lang als zu kurz halten. Dadurch wird dem Eilen vorgebogen: und der gute Geschmack wird befördert. Denn was man den Punkt zu viel hält, das wird unvermerkt den folgenden Noten abgetragen. Das ist: sie werden geschwinder abgespielet.

§. 4.

Wenn die zwote Note punctirt ist; dann muß die erste schnell an die punctirte Note geschleifet, der Punct aber nicht durch einen Nachdruck, sondern durch ein sich verlierendes gelindes Anhalten nahrhaft vorgetragen werden: wie z. E. bey N. 34. und N. 10. in (a.) und (b.) geschieht. Bey N. 30. in (b.) geschieht es zwar auch; allein nur zufälliger Weise. An sich selbst wird diese Figur so abgespielet, wie sie in (a.) und (c). angezeiget ist; nur durch die Verziehung des Striches, welches den Vortrag ändert, fällt diese Figur in die Regel dieses Paragraphs.

§. 5.

Die erste von zwo, drey, vier oder noch mehr zusammen gezogenen Noten soll allezeit etwas stärker genommen und ein bißchen länger angehalten; die folgenden aber im Tone sich verlierend etwas später daran geschleifet werden. Doch muß es mit so guter Beurtheilungskraft geschehen, daß der Tact auch nicht im geringsten aus seiner Gleichheit geräth. Das etwas längere Anhalten der ersten Note muß durch eine artige Eintheilung der ein bißchen geschwinder darangeschleiften Noten dem Gehör nicht nur erträglich, sondern recht angenehm gemacht werden. Also sind abzuspielen die Beyspiele N. 1. (a). N. 6 (b). und (c). N. 7. (a). und (c). N. 9. (a). und (b). N. 11. (a). und (b). N. 13. (a). (b). (c). und (b). N. 14. (a). N. 17. (a). und (b). N. 20. im zweyten Viertheile beeder Tacte. N. 22. (b). N. 28. (a). und (b). und N. 33. in (a). (b). und (c).

§. 6.

Eben also muß man, wenn ungleiche Noten in einem Schleifer zusammen treffen, die längere gar nicht zu kurz, ja eher etwas weniges zu lang anhalten, und solche Passagen nach der im vorhergehenden Paragraph angezeigten Art mit gesunder Beurtheilungskraft singbar abspielen. Dergleichen sind z. E. bey N. 2. in (b). und (c). N. 4. (a). und (b). N. 5. (b.)

Des siebenten Hauptstücks, zweyter Abschnitt.

(b). N. 7. (b). N. 8. (c). und (b). N. 13. (c.) und (b). N. 14. (b).
N. 20. (b). und (c). N. 21. (a). und (b). N. 32. (a). und (b).

§. 7.

Man muß auch oft eine vorausstehende kurze Note an eine folgende lange ziehen. Wo die kurze Note allemal still genommen, nicht übereilet und so an die lange geschleifet wird; daß die ganze Stärke auf die lange Note fällt. Z. E. bey N. 1. in (b). vom (E) ins (F) und im zweyten Tacte vom (E) ins (D). bey N. 3. in (b). vom (D) ins (C(, vom (B) ins (A) und vom (G) ins (F). N. 30. (b). vom (A) ins (F). u. s. f.

§. 8.

Dieß ist es nun, was mir von solchen Passägen geschwind beyfällt. Eine fleißige Uibung dieser wenigen Beyspiele wird einem Anfänger schon sehr nützlich seyn. Er wird dadurch eine Fertigkeit erhalten alle andere dergleichen Figuren und Abänderungen, nach der Vorschrift eines vernünftigen Componisten, mit Tempo, Geist und Ausdruck richtig und rein wegzuspielen, und den Strich nach belieben zu wenden, zu ändern und so zu führen: daß, wenn auch, dem Striche nach, die verwirrtesten Gänge vorkommen, er doch alles ganz leicht nach der im vierten Hauptstücke angebrachten Lehre wieder in Ordnung bringen wird.

Das

Das achte Hauptstück.
Von den Applicaturen.

Des achten Hauptstücks
erster Abschnitt.
Von der sogenannten ganzen Applicatur.

§. 1.

Es liegt in der Natur der Violin, daß, wenn man auf der (E) Saite über die Note (B)  weiter hinaufgreift, allezeit noch gute Töne können hervorgebracht werden: welches auch von den übrigen 3 tiefern Saiten zu verstehen ist. Wenn nun heut zu Tage in den musikalischen Stücken durchgehends über die gewöhnlichen 5. Linien noch andere 2. 3. 4. und noch mehr deren gesehen werden: so muß nothwendig auch eine Regel seyn, nach welcher die darüber gesetzten Noten müssen abgespielet werden. Und dieses ist es, was man Applicatur oder auch Application nennet.

§. 2.

Drey Ursachen sind, die den Gebrauch der Applicatur rechtfertigen. Die Nothwendigkeit, die Bequemlichkeit und die Zierlichkeit. Die Nothwendigkeit äussert sich, wenn mehrere Linien über die 5 gewöhnlichen
gezogen

Des achten Hauptstücks, erster Abschnitt. 149

gezogen sind. Die Bequemlichkeit erheischet den Gebrauch der Applicatur bei gewissen Gängen, wo die Noten so auseinander gesetzet sind, daß sie ohne Beschwerniß anders nicht können abgespielet werden. Und endlich bedienet man sich der Applicatur zur Zierlichkeit, wenn nahe zusammen stehende Noten vorkommen, die cantabel sind, und leicht auf einer Saite können abgespielet werden. Man erhält hierdurch nicht nur die Gleichheit des Tones; sondern auch einen mehr zusammenhangenden und singbaren Vortrag. Beyspiele hiervon wird man in der Folge dieses Hauptstückes sehen.

§. 3.

Die Applicatur ist dreyfach: Die ganze Applicatur; die halbe Applicatur; und die zusammengesetzte oder vermischte Applicatur. Vielleicht sind einige, welche diese meine dritte Application als etwas überflüssiges ansehen: weil sie von der ganzen und halben zusammen gesetzet ist. Allein ich weis gewiß, man wird sie bey genauerem Einsehen, nicht nur nützlich, sondern auch nothwendig finden.

§. 4.

In gegenwärtigem Abschnitte ist die Rede von der gewöhnlichen, oder sogenannten ganzen Applicatur. Da man nämlich die Note (a) auf der (E) Saite, welche sonst mit dem dritten Finger gegriffen wird, itzt mit dem ersten Finger beleget: um die über das gewöhnlichen (B) noch höher hinaufgesetzten Noten mit dem zweyten dritten und vierten Finger abspielen zu können. Man muß also dieß kleine Alphabet üben.

in welchem man bey der Note (a) * den ersten Finger wieder nimmt, den man erst bey der (f) Note hatte. Der gewöhnliche Weidspruch heißt: Das Aufsetzen. Man pflegt nämlich zu sagen: Hier muß man mit dem ersten Finger aufsetzen; oder vielmehr: den ersten Finger aufsetzen.

§. 5.

150 Des achten Hauptstücks, erster Abschnitt.

§. 5.

Diese Art die Finger aufzusetzen nennet man die gewöhnliche oder ganze Applicatur: weil sie den allgemeinen Violinregeln am nächsten kömmt. Der erste und dritte Finger wird allemal bey den Noten gebraucht, die auf den Linien stehen; der zweyte und vierte hingegen trift auf jene Note, die den Zwischenraum ausfüllen. Man erkennet folglich hieraus am geschwindesten, wenn man sich dieser Application bedienen muß. Wenn nämlich die oberste oder höchste Note im Zwischenraum stehet, ist es fast allezeit ein untrügliches Zeichen, daß keine andere als die ganze Applicatur statt habe.

§. 6.

Es kommen aber oft springende Noten vor; das ist solche Noten die sehr weit auseinander stehen, wo man von der (E) Seyte gleich in die (D) und auch gar in die (G) Saite hinabspringen, und auch gleich wieder zurück gehen muß. Nicht weniger giebt es geschwinde Noten, die von der Höhe in die Tiefe und von der Tiefe in die Höhe so schnell fortlaufen, daß man sie ohne den Gebrauch der Application kaum heraus bringen kann. Man muß demnach die Applicatur auf allen 4. Saiten zu gebrauchen wissen, und folglich das hier beygerückte Alphabet rein abspielen lernen.

Das (c) auf der (G) Saite (✳) wird anstatt mit dem dritten itzt mit dem ersten Finger genommen; die Hand bleibt alsdann unverrückt in dieser Stellung; man höret folglich keine leere Saite mehr: weil man die sonst leeren Saiten mit dem zweyten Finger auf der tiefern Nebensaite nimmt. Z. E.

§. 7.

Des achten Hauptstücks, erster Abschnitt. 151

§. 7.

Man kann sich zu dieser Applicatur nicht eher geschickt machen, als wenn man die nächsten besten Stücke, die man sonst platt wegspielet, zur Uebung durchaus in der Applicatur abgeigt. (a) Man macht sich dadurch die Lage der Finger rechtschaffen bekannt; und man erhält eine ungemeine Fertigkeit. Es ist nicht gar schwer, wenn man sich nur ein wenig Mühe geben will: denn man kann die Lage der Finger in dem Alphabet nachsuchen.

§. 8.

Wenn in einer Passage die höchste Note das hohe (b) nur um einen Ton übersteiget, folglich nicht weiter als ins (e) geht; so bleibt man bey dieser ganzen Applicatur, und nimmt die Note (e) mit dem vierten Finger. In solchem Falle wird oft der vierte Finger zweymal nacheinander gebraucht. Hier sind Beyspiele:

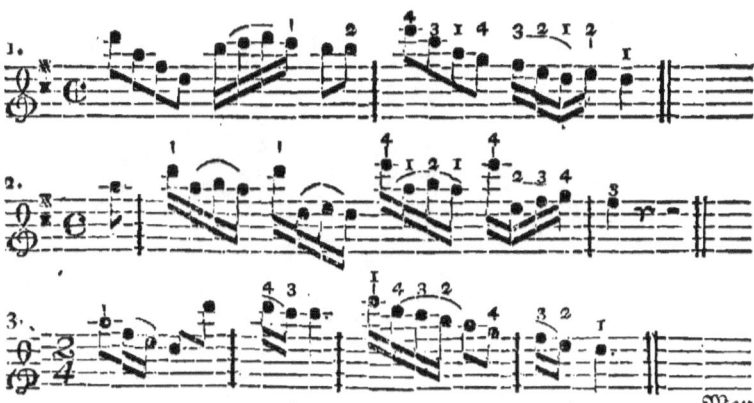

(a) Man nehme nur gleich die im vierten Hauptstücke nach §. 39. kommenden Stücke und spiele sie in der Applicatur.

152 Des achten Hauptstücks, zweyter Abschnitt.

Man muß aber bey dem Vorwärtsrücken des kleinen Fingers nicht auch die ganze Hand, folglich alle Finger vorwärts mit bewegen; sondern man muß die Hand unverrückt in ihrer Lage lassen, und nur den vierten Finger allein ausstrecken. Dieß geschieht am füglichsten, wenn man den Finger, mit dem man die unmittelbar vor dem (c) stehende Note greift, stark niederdrückt, und bey dem Ausstrecken des vierten Fingers nicht aufläßt. Im ersten Beispiele ist es der zweyte Finger *, im zweyten Exempel ist es der erste*, und in dem dritten ist es der dritte * Finger.

§. 9.

Sind mehrere Noten über die Note (b) hinauf gesetzet, so muß die Hand geändert werden. Bey gleichen Ton für Ton nach einander immer aufsteigenden Noten, die sich im (a) mit dem ersten Finger anfangen, wechselt man allemal den ersten und zweyten Finger.

Und sind es zwar aufsteigende Noten, die doch vorher noch allezeit um eine Sechste zurück tretten; so fängt man eine solche Passage gemeiniglich auch allemal mit dem ersten Finger an. Z. E.

Doch muß man wohl darauf sehen, ob die Passage noch weiter in die Höhe fortschreitet, oder ob sie nicht vielmehr wieder zurück gehet? ob man den ersten Finger noch einmal hinauf setzen muß, oder ob man die höchste Note mit dem vierten Finger erreichen kann? Es würde gefehlet seyn, wenn man in dem ersten Beyspiele die Note.(a) (*) mit dem ersten Finger nehmen wollte: weil man vorsieht, daß der dritte und vierte Finger die zwo höchsten Noten ohne dem

schon

Des achten Hauptstücks, erster Abschnitt. 153

schon erreichen; die Paſſage aber bey den zwo Viertheilnoten (f) und (e) wieder zurück kehret. Und eben deswegen würde es auch ein Fehler ſeyn, wenn man im zweyten Exempel die (b) Note (*) mit dem erſten Finger greifen, und alſo die Hand noch einmal hinauf rücken wollte; da die Paſſage im fünften Tacte nimmer hinauf, ſondern herab gehet.

§. 10.

Und wenn ſie auch ſo gar noch um eine Note höher ſteiget, daß, dem Anſehen nach, entweder eine neue Fortſetzung der Applicatur; oder ein fünfter Finger erfordert würde: die Paſſage aber nach ſolcher Note gleich wieder herab gehet: ſo läßt man die Hand in ihrer Lage, und nimmt die oberſte oder höchſte Note mit dem vierten Finger.

Der vierte Finger wird oft zweymal nacheinander gebraucht. Man muß aber auch hier dasjenige wohl beobachten, was erſt am Ende des §. 8. iſt erinnert worden.

§. 11.

Es fangen ſich aber eben nicht alle Paſſagen mit dem erſten Finger an. Bey vielen muß man den dritten Finger hinauf ſetzen, und mit Abwechſelung des dritten und vierten Fingers fortſchreiten. Z. E.

154   Des achten Hauptstücks, erster Abschnitt.

§. 12.

Viele fangen sich mit dem zweyten Finger an; das ist: man setzet den zweyten Finger zuerst hinauf, und wechselt immer mit dem zweyten und dritten ab. Z. E.

Man könnte freylich schon bey der (a) Note mit dem ersten Finger hinauf gehen: allein weil die Abwechselung des zweyten mit dem dritten Finger viel ordentlicher und natürlicher läßt; so fährt man besser bey der (b oder h) und (c) Note in der Höhe mit dem zweyten und dritten Finger fort, wie man es unten in der natürlichen Lage bey den Noten (g) und (a) angefangen hat. Ja wenn es in solcher Ordnung noch weiter über die (b) Note hinauf geht: so muß man allemal mit dem zweyten und dritten Finger abwechseln. Z. E.

§. 13.

Es giebt Passagen, die ohne den Gebrauch der Applicatur sehr ungelegen zu spielen sind; die hingegen in der Applicatur schon, so zu reden, in der Hand liegen. Bey solchen Passagen bedienet man sich der Applicatur theils zur Nothwendigkeit, theils zur Bequemlichkeit. Z. E.

§. 14.

Des achten Hauptstücks, erster Abschnitt. 155

§. 14.

Viele Doppelgriffe sind nicht anders, als in der Applicatur abzuspielen.
Z. E.

Man könnte zwar in dem gegenwärtigen Beyspiele das zweyte und dritte Viertheil des ersten Tactes ohne Applicatur abgeigen; allein man muß wegen der Folge in der Applicatur bleiben: denn alles unnöthige hin und herrücken mit der Hand muß man sorgfältigst vermeiden.

§. 15.

Gar oft muß man bald mit dem ersten, bald mit dem zweyten, dritten, oder auch mit dem vierten Finger auf gerathe wohl in die Applicatur hinauf gehen. Es erfordert also eine starke Uebung, daß man die Töne allemal rein erwische, und weder zu hoch, noch zu tief greife. Man übe sich demnach in den folgenden und dergleichen Gängen:

§. 16.

So lang es immer nöthig ist, muß man in der Applicatur bleiben. Man muß sich beständig vorsehen, ob nicht ein oder die andere hohe Note, oder auch ein anderer Gang vorkömmt, so den Gebrauch der Applicatur erheischet?

U 2

156 **Des achten Hauptstücks, erster Abschnitt.**

heischet? Ist man nun aber der Applicatur nimmer benöthiget; so muß man nicht augenblicklich über Hals und Kopf herab rennen; sondern eine gute und leichte Gelegenheit abwarten, auf eine solche Art herunter zu gehen, daß es die Zuhörer nicht bemerken. Dieses geschieht am füglichsten, wenn man eine Note abwartet, die mit der leeren Saite kann genommen werden: wo man unter dem Abspielen derselben bequem kann herunter gehen. (*).

§. II.

Es läßt sich auch sehr leicht herab kommen, wenn man gleiche Gänge mit gleichen Fingern abgiebt. Das Beispiel wird es verständlicher machen.

Man kömmt hier bey der Note (g) herunter. Es ist ein natürlicher Gang der sehr bequem in die Hand fällt: weil die Abwechselung des zweyten mit dem ersten Finger öfter nacheinander vorkömmt, und das Zurückgehen der Hand erleichtert. Man mag diese Passage nicht ohne Nutzen nach und nach geschwinder üben.

§. 81.

Wenn zwo Noten in einem Tone stehen; so hat man ebenfalls sehr gute Gelegenheit herab zu gehen. Man muß aber die erste Note in der Applicatur die zwote in der natürlichen Lage nehmen. Z. E.

Auf

Des achten Hauptstücks, erster Abschnitt. 157

Auf diese Art wird man die schon oben in der Applicatur gehörte Note bey der darauf erfolgten Veränderung nicht soleicht falsch greifen; sondern den vierten Finger in diesem Beyspiele so viel sicherer auf das zweyte (b oder h) legen; weil der zweyte Finger den Ort vorher in der Application schon angewiesen hat.

§. 19.

Nach einem Puncte kann man auch gar füglich herunter gehen.

Bey dem Puncte wird der Bogen aufgehoben, und inzwischen die Hand herab gerücket, folglich die Note (f) in der natürlichen Lage genommen. (*)

§. 20.

Damit man sich aber in dieser ganzen Applicatur auf unterschiedliche Art hinauf und herab zu gehen recht gefaßt mache; so will ich ein Beyspiel hersetzen, welches man nach der beygefügten Vorschrift, rechtschaffen üben muß.

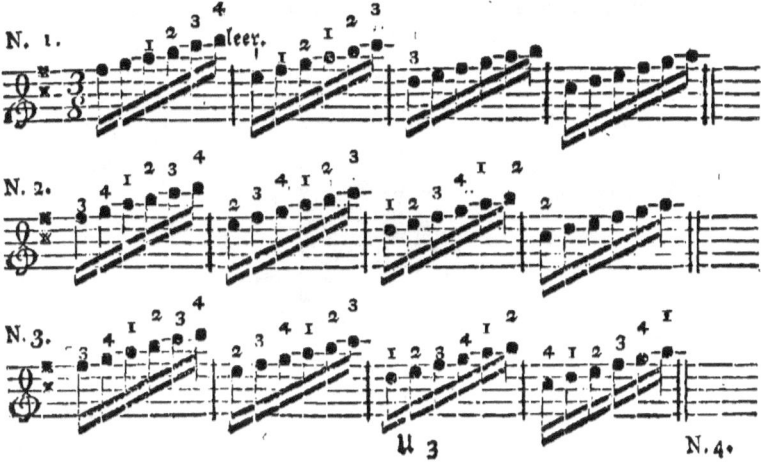

Des achten Hauptstücks, erster Abschnitt.

Die erste Art dieser Passage abzuspielen ist nur zur Uibung hergesetzet: damit ein Anfänger durch das Abspielen dieses und anderer solcher Beyspiele eine Leichtigkeit im Hinauf= und Herabgehen bekomme. Denn das Herabgehen bey der (e) Note im ersten Viertheile des zweyten Tactes ist unnöthig: weil man bey dem (h oder b) im dritten Viertheile des nämlichen zweyten Tactes wieder hinauf gehen muß. Es ist also nur ein Exempel zur Uibung. Die Abänderung N. 2. ist schon besser. Man fängt gleich in der Applicatur an, und bleibt in der Höhe bis in den vierten Tact: wo man bey der ersten Note des vierten Tactes (c) in die natürliche Lage zurück geht. Die Veränderung N. 3. mag man zur Uebung durchaus in der Applicatur abspielen. N. 4. hingegen ist die beste und auch die gewöhnlichste Art. Die zwey ersten Tacte werden in der Applicatur gespielet; die erste Note des dritten Tactes bleibt noch in der Applicatur; bey der zwoten aber, als dem (e) leer, kömmt man herab, und das übrige wird in der gewöhnlichen Lage ohne Application abgezeigt.

Des

Des achten Hauptstücks
zweyter Abschnitt.
Von der halben Applicatur.

§. 1.

Die halbe Applicatur oder Application heißt es: wenn man die Note (c) auf der (A) Saite, und die Note (g) auf der (E) Saite, die man sonst mit dem zweyten Finger greift, mit dem ersten Finger nimmt; um mit dem vierten Finger die (c) Note auf der (E) Saite zu erreichen. Man nennet es die halbe Applicatur: weil es nicht nach der gewöhnlichen Regel geht. In der ganzen Applicatur werden die Noten, welche auf den Linien stehen, gleichwie in der gemeinen und gewöhnlichen Musikstiege mit dem ersten oder dritten, in dieser halben Application hingegen mit dem zweyten oder vierten Finger genommen. Nach der gewöhnlichen Spielart werden die Noten, so den Zwischenraum ausfüllen mit dem zweyten und vierten Finger gegriffen; itzt greift man sie mit dem ersten und dritten. Hier ist das Alphabet. Man übe es fleißig, und vergesse nicht das (h oder natürliche b) (*) sein rein, und nicht zu nieder zu greifen; das (c) * aber gleich mit dem vierten Finger daran zu fügen. Eben dieß hat man bey den Noten (e) und (f) mit dem dritten und vierten Finger auf der (A) Saite zu beobachten *

§. 2.

Gleichwie sich die ganze Applicatur auf alle Saiten erstrecket; eben so wird auch die halbe Application auf allen Saiten gebraucht. Man muß aber

160 Des achten Hauptstücks, zweyter Abschnitt.

sonderheitlich den dritten Finger recht sehr beobachten: denn man läuft Gefahr immer mit demselben falsch zu greifen. Hier ist das Alphabet durch alle Saiten.

Damit man dem Falschgreifen mit dem dritten Finger vorbeuge, so kann man den mit dem dritten Finger in der Applicatur gegriffenen Ton gegen die vorwärts nebenbei liegende höhere und leere Note versuchen: Z. E.

§. 3.

Diese halbe Applicatur wird meistentheils in Stücken gebraucht, die im (E) oder (D), mit der grössern oder kleinern Terze, denn auch bey denen, so im (F) (B) und (A) gesetzet sind; und zwar bei diesen letztern, wegen der Ausweichung in die Nebentöne. Man hat hauptsächlich zu beobachten: ob der Gang einer Passage das obere (c) nicht überschreite? ob das mittlere (c) auch vorhanden sey? und ob die Quint hiervon, nämlich das (g) auch noch dazu im Satze vorkomme? Bei diesen drey Fällen ist die halbe Applicatur schier allemal nothwendig. Hier ist ein Beispiel:

§. 4.

Des achten Hauptstücks, zweyter Abschnitt.   161

§. 4.

Auch in der halben Applicatur kann man mit dem zweyten Finger oft eben so hinauf gehen, wie es in der ganzen Application geschieht; wovon §. 12. im vorigen Abschnitte ist gesprochen worden. Besonders wenn die Passage etwas weiter hinauf läuft: dann ist die Abwechselung des zweyten und dritten Fingers nothwendig. Z. E.

§. 5.

Mit dem ersten Finger ergiebt es sich sonderheitlich in Passagen, die im (C) gesetzet sind. Z. E.

Mozarts Violinschule.   X   Hier

Hier wird Schritt vor Schritt mit dem erſten Finger hinauf gegangen. In dem folgenden Beyſpiele aber, wo die obere Note allemal um eine Sechſt zurück ſpringet, wird jede Note unten mit dem erſten Finger um eine Terze höher angefangen.

§. 6.

Alle dergleichen Gänge ſind leicht abzuſpielen, wenn man nur geſchwind beobachtet: ob die oberſte und unterſte Note eine Octav von einander abſtehen. In der ganzen Applicatur kennt man es: wenn die untere Note auf der Linie ſtehet; die obere hingegen in dem Zwiſchenraume geſetzet iſt. Man ſieht es gleich im erſten Viertheile des §. 9. im vorigen Abſchnitte angebrachten zweyten Exempels bey (b) (f) (a) und (b). In dieſer halben Applicatur geſchieht juſt das Widerſpiel. Die untere Note ſtehet allezeit im Zwiſchenraume; die obere hergegen allemal auf der Linie. Wir ſehen es in dem erſt oben angeführten Beyſpiele (c) (e) (g) (c) und denn ſo fort.

§. 7.

Man muß aber auch in dieſer halben Applicatur, ſo wie in der ganzen, auf die Höhe einer Paſſage ſehen: ob nämlich der Gang noch höher hinauf gehet, oder ob man die höchſte Note ohnedem ſchon erreichen kann? Man leſe nur was im vorigen Abſchnitte am Ende des §. 9. iſt erinnert worden: denn eben dieß hat man auch in dieſer Applicatur genau zu beobachten, wenn man ſich anders mit den Fingern nicht verſteigen will.

§. 8.

Nicht weniger wird auch in dieſer Application bald mit dem erſten, bald mit dem zweyten, dritten oder vierten Finger ſchnell und auf gerathe wohl hinauf gegangen. Hier ſind die Beyſpiele davon:

§. 9.

Des achten Hauptstücks, zweyter Abschnitt. 163

§. 9.

Ganz gemeine Gänge werden oft der Bequemlichkeit wegen in dieser halben Applicatur abgespielet. Z. E.

Man thut aber am allerbesten, wenn man auch den ersten Tact gleich in der Applicatur anfängt. Z. E.

§. 10.

In langsamen Stücken wird manchmal der vierte Finger nicht aus Nothwendigkeit, sondern des gleichen Tones wegen, folglich Zierlichkeit halben gebrauchet. Z. E.

X 2 Die

164 Des achten Hauptstücks, zweyter Abschnitt.

Die halbe Note (f) könnte freylich wohl auf der (E) Saite mit dem ersten Finger genommen werden. Allein da die (E) Saite gegen der (A) Saite gar zu scharf klinget; so wird der Ton gleicher, wenn man das (f) zwar mit dem vierten Finger nimmt, doch die Hand unverrückt in ihrer Lage läßt, und also auch die Note (e) mit dem vierten Finger greift. Ja die Passage hängt mehr zusammen, und wird singbarer.

§. 11.

Bey Doppelgriffen wird die halbe Applicatur theils aus Nothwendigkeit, theils aber auch aus Bequemlichkeit gebraucht. Man sehe das Exempel:

§. 12.

Viele Gänge, die der halben Applicatur vollkommen eigen zu seyn scheinen, können und müssen manchmal in der ganzen Application gespielet werden. Z. E.

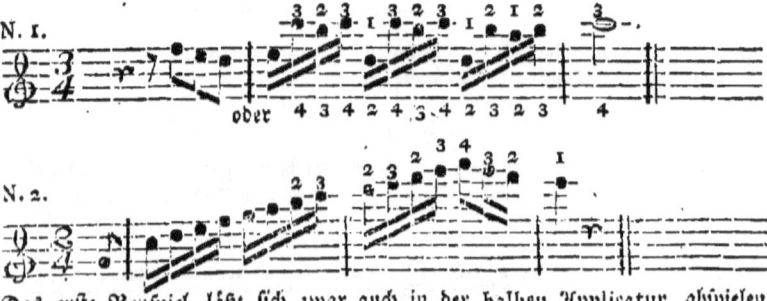

Das erste Beyspiel läßt sich zwar auch in der halben Applicatur abspielen. Das zweyte hingegen will einmal vor allemal in der ganzen Applicatur abgeteigt seyn.

§. 13.

Des achten Hauptstücks, zweyter Abschnitt. 165

§. 13.

Wenn in einer Paſſage die Note (c) auf der (E) Saite nur allein, und zwar in einem Terz, Quart, Quint, und Sechsſtſprunge vorkömmt: ſo bedienet man ſich nicht allezeit der Applicatur; ſondern man läßt oft die Hand in der natürlichen Lage, und nimmt die (c) Note mit Ausſtreckung des vierten Fingers. Z. E.

Manchmal kömmt ſo gar, und zwar in eben nicht gar langſamen Stücken, der vierte Finger zweymal. Z. E.

Und viele Stücke können entweder in der Applicatur, oder auch ohne Application abgeſpielet werden. Hier iſt ein Beyſpiel. Man ſpiele es in der halben Applicatur: man übe es aber auch ohne Application; in welchem Falle man eben dasjenige zu beobachten hat, was im §. 8. des vorigen Abſchnittes iſt errinnert worden.

§. 14.

Bey dem Zurückgehen aus dieſer Applicatur in die natürliche Fingerlage hat man eben auf jene Regeln zu ſehen, die ich im §. 16. 17. 18. und 19. des vorigen Abſchnittes vorgeſchrieben habe. Es iſt überhaupt leichter aus dieſer Applicatur herab zu kommen: weil ſie näher an der Fingerlage der gewöhnlichen Spielart liegt als die ganze Applicatur, welche um eine ganze Terze erhöhet iſt; da die halbe Application nur um einen Ton höher ſtehet. Aus

X 3   eben

166 Des achten Hauptstücks, zweyter Abschnitt.

eben der Ursache kann man allenfalls bey geschwinden fortlaufenden Noten, bey jeder Note herab gehen. Ich will eine einzige Passage zum Grunde legen; man übe sich nach der Vorschrift: so wird man aufgelegt bey jeder Note nach Belieben herab zu gehen.

Dieß spiele man ganz in der halben Applicatur.

Es liegt klar vor Augen, daß bey N. 1. schon bey der zwoten Note herabgegangen wird; folglich wird der vierte Finger zwey mal genommen. Bey N. 2. bekommt man den dritten Finger zweymal, und geht im (a) zurück. Bey N. 3. tritt es auf die (g) Note mit dem zweyten Finger. Bey N. 4. tritt man bey dem zweyten (a) zurück. Bey N. 5. kommt man im (g) des zweyten Viertheils; bey N. 6. aber im (f) herab. Und endlich bey N. 7. nimmt man die

erste

Des achten Hauptstücks, zweyter Abschnitt. 167

erste Note (f) des zweyten Tactes in der natürlichen Lage. Vor allem aber muß man auf die beygesetzte Strichart sehen. Man muß allemal die Noten dort zusammen zu schleifen anfangen, wo man von der Applicatur in die gewöhnliche Fingerlage zurück geht; um hierdurch das Ohr der Zuhörer zu betriegen: damit sie nämlich die Abänderung und das schnelle herabgehen der Hand nicht bemerken. Eben so kann man auch den ersten Tact völlig in der halben Applicatur abspielen, und erst im zweyten Tacte auf so vielerley Art herunter gehen, als man im ersten Tacte zurück gegangen ist. Ich will es, doch nur zur Uebung, hersetzen, und alsdann zur vermischten Applicatur schreiten.

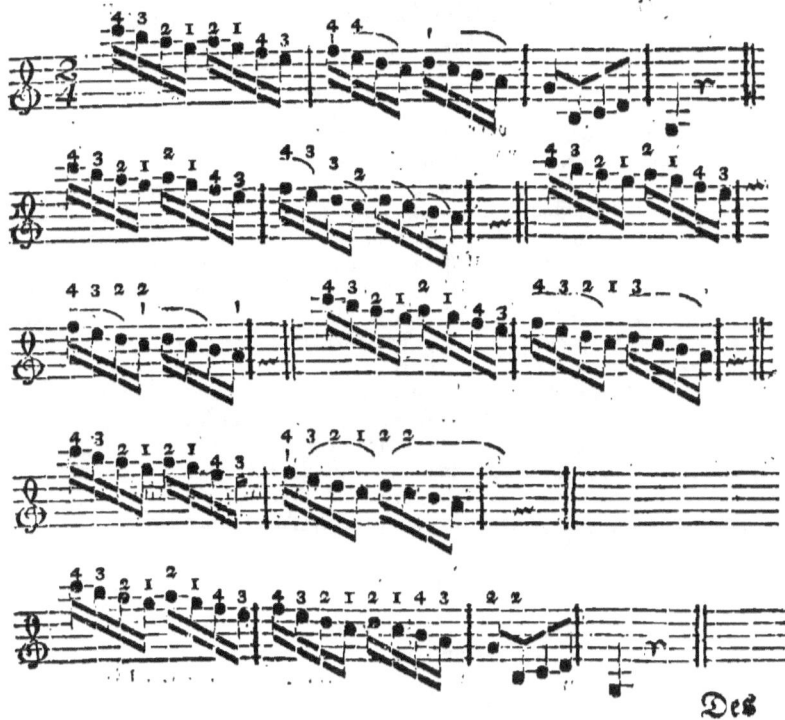

Des

Des achten Hauptstücks
dritter Abschnitt.

Von der zusammengesetzten oder vermischten Applicatur.

Die zusammengesetzte oder vermischte Application will ich jene Art des Spielen nennen, wo bald die ganze bald die halbe Applicatur igt zur Nothwendigkeit, igt zur Bequemlichkeit, und igt zur Zierlichkeit nach Erforderung der Umstände gebraucht wird. Man könnte hiervon unzählige Beyspiele beybringen; die aber einem fleissigen Violinisten, bey vor die Hand: nehmung unterschiedlicher musikalischen Stücke, auch von verschiedener Art vor Augen kommen werden. Wer wollte doch alle die oft recht mit vieler Mühe ausstudirten Passagen hersetzen? Giebt es denn nicht Violinisten, welche in die von ihnen selbst zusammengeschmierten Solo oder Concerte alle nur ordentliche Gangeleyen einflicken? Giebt es nicht andere, die mit den unverständischen Passagen alle Tonleitern durchwandern; die unverhoftesten, seltsamesten und wunderschönsten Bocksprünge anbringen; ja solche wibrige Gänge unter einander mischen, die weder Ordnung noch Zusammenhang haben. Die Regeln die ich hier geben kann, sind mehrentheils auf ordentliche gut gesetzte Compositionen gerichtet. Die Beyspiele sind plattweg und einfältig hingeschrieben, und ein und anderes aus guten Concerten entlehnet.

§. 2.

Wenn eine Passage nur einen Ton steigend oder fallend wiederholet wird; so pflegt man sie allemal mit den nämlichen Fingern abzuspielen, die man bey dem Vortrage derselben anfangs hatte: absonderlich wenn der Gang

eine

Des achten Hauptstücks, dritter Abschnitt. 169

eine ganze Oktav durchläuft, oder wenigstens der erste und vierte Finger bey der Passage nothwendig ist. Z. E.

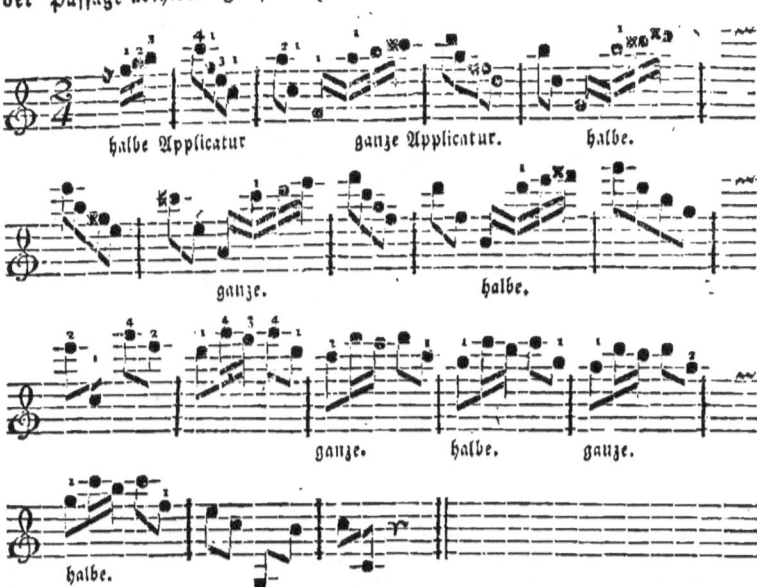

Die Finger werden durch die Zahlen sowohl in diesem als in allen den nachfolgenden Beyspielen nur das erstemal durch die ganze Passage angezeiget; in der Folge hingegen wird nur jene Note bemerket, wo man den Finger aufsetzet, oder wo man mit der Hand wieder zurück geht. Hier ist noch ein dergleichen Exempel; in welchem man mit dem zweyten Finger hinauf und herab zu gehen anfängt (*).

170   Des achten Hauptstücks, dritter Abschnitt.

§. 3.

Manchmal wird eine Passage in dem nämlichen Tone, wo man sie ausläßt wieder angefangen; nur daß ein anderer Finger genommen wird. Z. E. (*)

Man

Des achten Hauptstücks, dritter Abschnitt. 171

Man kann aber auch so herunter gehen. Z. E.

§. 4.

Sehr oft bleibt zwar die nämliche Passage: sie geht aber nicht Stuffenweise hinauf; sondern durch Sprünge. Z. E.

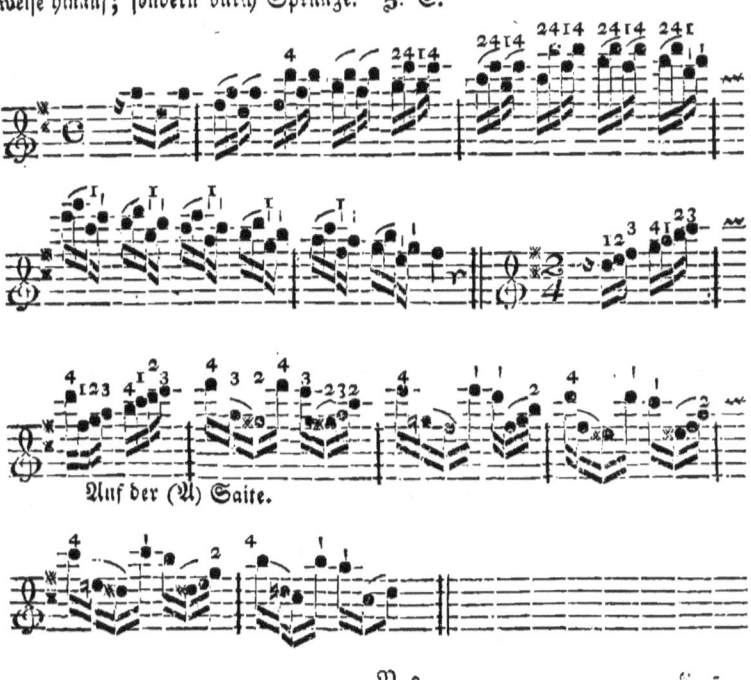

Auf der (A) Saite.

172   Des achten Hauptstücks, dritter Abschnitt.

§. 5.

Es giebt aber auch Paßagen, in welchen die Töne nicht durch eine ordentliche Abwechselung der Finger können genommen werden. Diese ⟨sind⟩ die schwersten Paßagen. Man muß die darinnen vorkommenden Noten theils durch gähes Hinauffahren mit der Hand, theils durch Ausstreckung der Finger meistentheils auf gerathe wohl erwischen. Wer nun etwas besonders auf der Violin in schweren Stücken mit der Zeit zu Tage legen will, der muß sich von guten Meistern Concerte anschaffen, solche wohl ausstudiren und fleißig üben. Ich will ein paar Beyspiele hersetzen.

Man kann aber auch bey der halben Note des zweyten Tactes (*) mit dem Finger in die ganze Applikatur zurück gehen. Z. E.

Wer eine große Faust hat, thut sehr gut, wenn er in der ganzen Applicatur bleibt, und durch Ausdehnung der Hand mit dem dritten Finger die Note (b) mit dem vierten aber die (f) Note nimmt. Z. E. (**)

Man

Des achten Hauptstücks, dritter Abschnitt. 173

Man mag aber auch so gar mit dem zweyten Finger in die (b) Note springen; ja eine grosse Hand mag sie, ohne den ersten Finger von der (a) Note wegzulassen, erreichen. Ich setze dergleichen Dinge zur Uebung her. Man lernet dadurch die Finger wohl ausstrecken: und wenn man eine Passage auf vielerley Art abzuspielen übet, so setzet man sich in mehrere Sicherheit sie auf eine oder die andere Art richtig heraus zu bringen.

Hier sind noch andere dergleichen Beyspiele:

oder

Y 3

174 Des achten Hauptstücks, dritter Abschnitt.

Diese Passage fängt sich auf der (D) Saite an.

Gesetzter Weise nun aber man spielete das erste Viertheil des ersten und zweyten Tactes ohne Applicatur in der natürlichen Lage; so muß man dennoch nicht ins Stecken gerathen. Z. E.

Und

Des achten Hauptstücks, dritter Abschnitt. 175

Und warum soll man es denn nicht auch auf die folgende Art üben? Es geschieht nicht ohne Nutzen, wenn man also fortfährt:

Oder auch endlich gar so:

Man thut freylich am besten, wenn man in der Applicatur bleibt. Die erste Vortragsart dieser Passage ist also auch die natürlichste: allein die übrigen muß man des Nutzens halben üben. Denn manchmal sind dergleichen gähe Sprünge unentbehrlich: und wie geschieht alsdann einem, der sie nicht geübet hat? Eben so geht es mit der Ausdehnung der Finger. Hier sind noch Beyspiele zur Uebung.

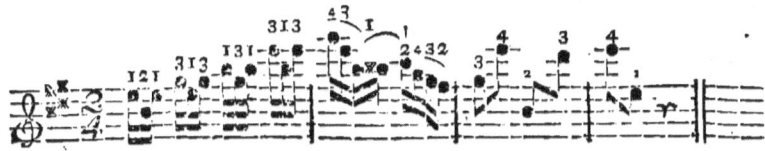

176, Des achten Hauptstücks, dritter Abschnitt.

§. 6.

Des achten Hauptstücks, dritter Abschnitt. 177

§. 6.

Gleichwie man in allen Gattungen der Applicatur den vierten Finger oft sehr ausstrecken muß; eben so muß man in der vermischten Applicatur auch oft den ersten Finger zurückziehen, ohne die Lage der übrigen Finger zu ändern. Hierbey hat man sonderheitlich auf den vierten Finger zu sehen, den man stark niederdrücken, und nicht aufheben muß; wenn sich gleich der erste Finger abwärts beweget. Man besehe ein Beyspiel:

§. 7.

Die Tonart, in welcher eine Passage gesetzet ist, muß man hauptsächlich beobachten. Und gleichwie eine Passage entweder in einer Tonart bleibt, oder in die Nebentöne austritt; eben so muß man die Hand nach Veränderung der Umstände bald ändern bald liegen lassen. Es liegt aus den beygebrachten Exempeln klar zu Tage: daß man meistentheils auf die höchste Noten den vierten, auf die unterste aber den ersten Finger bringen muß. Man muß demnach die übrigen Finger darnach richten. Wenn man nur auf den Umfang der Octav steht, so ist es gar nicht schwer. Z. E.

Mozarts Violinschule. Z

173   Des achten Hauptstücks, dritter Abschnitt.

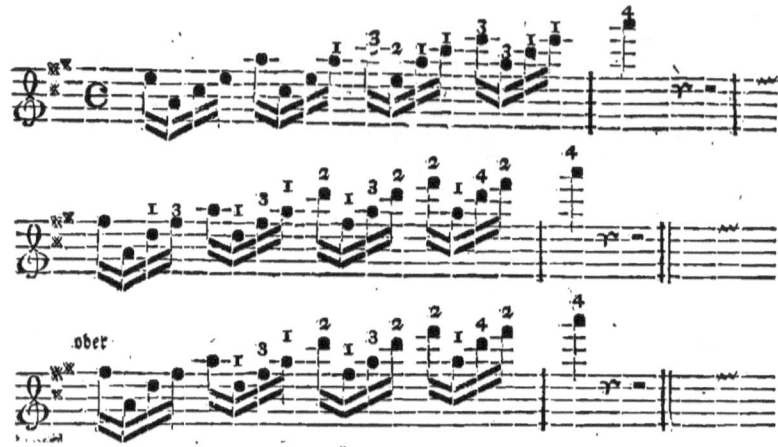

Ich will noch ein paar Beyspiele hersetzen, und zu mehrerer Deutlichkeit dieselben am Ende in etwas erklären.

Des achten Hauptſtücks, dritter Abſchnitt. 179

Auf der (A) Saite.

N. 4.

oder:

In dem erſten Beyſpiele nimmt man, nach der Regel, die oberſte Note (f) im dritten Tacte mit dem vierten Finger; man ändert aber ſchon im dritten Viertheile eben dieſes Tactes die ganze Hand, und man beweget ſie abwärts: weil

weil die Paſſage im (a) ſchlieſſet; wozu der erſte Finger, um die übrigen Noten mit Bequemlichkeit zu nehmen, unumgänglich nothwendig iſt.

Im zweyten Exempel wechſelt man im letzten Viertheile des erſten Tactes mit dem zweyten und dritten Finger, und rücket mit der Hand hinauf, um die höchſte Note (a) richtig zu nehmen: im Zurückgehen hergegen ſpringet man allezeit mit dem erſten Finger auf die unterſten Noten (e) (c) und (a) zurück.

Die oberſte Note im dritten Beyſpiele wird abermal mit dem vierten Finger genommen, und man geht, ohne die Lage der Hand zu ändern, aus dem (c) durch die kleine Septime ins (f). Weil aber der erſte und zweyte Tact auch noch anders kann geſpielet werden: ſo will ich es zur Uebung herſetzen.

In dem vierten Exempel wird bey dem mittleren und hohen Dis der erſte Finger gebraucht, das Hinaufgehen dadurch zu erleichtern, und durch das Ausſtrecken des vierten Fingers die höchſte Note zu erreichen. Da aber bey der vorletzten Note der erſte Finger muß genommen werden; denn ſie iſt bey dem Schluſſe der Paſſage die tiefere Note; ſo wird bey dem Hinaufgreifen mit dem vierten Finger keinesweges die ganze Hand nachgerücket; ſondern der vierte Finger wird nur ausgeſtrecket, und die (a) Note mit dem vierten, die (f) Note aber wieder mit dem dritten Finger genommen.

§. 8.

Des achten Hauptstücks, dritter Abschnitt.   181

§. 8.

Es giebt noch Zufälle, wo die vermischte Applicatur unentbehrlich ist. Z. E. Bey Doppelgriffen kann man sie manchmal nicht vermeiden. Hier ist ein Beyspiel.

§. 9.

182 Des achten Hauptſtücks, dritter Abſchnitt.

§. 9.

Auch in den Doppelgriffen wird oft der vierte Finger ausgeſtrecket; die Hand bleibt aber unverrückt in ihrer Lage. Z. E. (*).

Die untern Noten werden durchaus ohne Applicatur geſpielt.

§. 10.

Es wird auch der erſte Finger abwärts beweget; wo dann der dritte oder vierte Finger liegen bleiben, oder an ſeinen Ort richtig gebracht werden, oder auch in der Folge nachgedrücket werden muß. Z. E.

Hier bleibt der vierte Finger oben liegen.

Man muß hier den vierten Finger rein hinauf zu ſetzen ſich befleißigen.

Des achten Hauptstücks, dritter Abschnitt. 183

Der dritte Finger wird nachgerücket.

§. 11.

Ja man muß manchmal zweene Finger wegstrecken, die Hand aber nicht ändern. Wie Z. E. in den folgenden zweyen Beyspielen der zweyte und vierte Finger aus der Applicatur ganz allein hinauf in eine andere, und kann gleich wieder zurück gehen; der erste Finger aber immer in seiner Lage bleibt.

§. 12.

§. 12.

Bey einer oder zwo Noten läßt sich im Doppelgriffen oft die leere Saite brauchen: allein wenn ich die Wahrheit sagen will, so gefällt es mir nicht sonderlich. Die leeren Saiten sind gegen den gegriffenen im Klange zu sehr unterschieden, und eben die daraus entstehende Ungleichheit beleidiget die Ohren der Zuhörer. Man versuche es nur selbst. Hier ist ein Exempel.

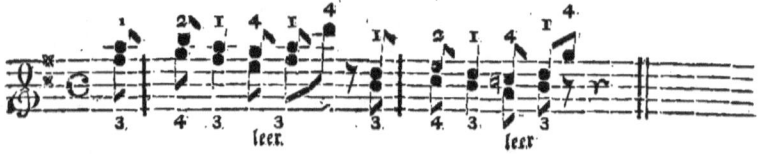

§. 13.

Man bediene sich aber auch der vermischten Applicatur zur Bequemlichkeit: um nämlich alles näher aneinander in die Hand zu bekommen, und dem unnöthigen Auf= und Absteigen vorzubiegen. Z. E.

Des achten Hauptstücks, dritter Abschnitt. 185

§. 14.

Viele Passagen könnte man zwar ohne den Gebrauch der Application platt wegspielen. Allein der Gleichheit des Klanges zu Lieb braucht man die Applicatur: folglich aus Zierlichkeit. Z. E.

Man könnte hier schon bey der (g) Note (*) herabkommen: allein man bleibt nicht nur da oben; sondern, nachdem man im fünften Tacte herab gegangen ist so geht man im sechsten Tacte wieder hinauf. Eben dieß geschieht im siebenten und achten Tacte. Da nun, vom vierten Tacte an, alles auf einer Seyte gespielet wird; so erhält man durch diese Gleichheit des Klanges einen angenehmeren Vortrag.

§. 15.

In diesen Abschnitt gehört auch jene Verlegung der Finger, die man, dem gemeinen Weibspruche nach, die Ueberlegung nennet. Man muß sich dieser Art sehr oft in Doppelgriffen, oder auch bey schnell fortlaufenden Noten bedienen: wenn nämlich zwo Noten zusammen, oder ober gleich nacheinander treffen, die zwar der Lage nach mit gleichen Fingern sollten genommen werden, durch die Erhöhungs = oder Erniedrigungs = Zeichen hingegen so einander entgegen sind; daß man jede derselben mit ihrem besondern Finger abspielen muß.

Mozarts Violinschule. A a In

186 Des achten Hauptstücks, dritter Abschnitt.

In solchem Falle wird anstatt des dritten Fingers der vierte, statt des zweyten der dritte, und anstatt des ersten der zweyte Finger genommen, und dieser über jenen hingeleget. Daher kömmt denn auch das Wort Ueberlegung. Man muß aber rein greifen. Hier sind Beyspiele.

§. 16.

Es giebt noch einige andere Figuren, wo allemal drey Noten über einander stehen, die man in einem Bogenstriche auf einmal zusammen nehmen muß. Da muß man nun manchmal mit der ganzen Hand auch so gar aus der natürlichen Lage zurück weichen. Man besehe das Beyspiel.

§. 17.

Den Regeln dieser vermischten Applicatur sind auch die aus drey Noten bestehenden übrigen Griffe meistentheils unterworfen. Z. E.

Des achten Hauptstücks, dritter Abschnitt.

Das erste Exempel behält durch die ganze Paſſage den erſten, zweyten und vierten Finger. Die andern zwey unter N. I. ſtehenden Beyſpiele gehen durch die vermiſchte Applicatur. Bey N. II. iſt die Ueberlegung angebracht, wovon erſt im §. 15. iſt geſprochen worden. In den zwey Beyſpielen unter N. III. ſtecket die Ausſtreckung des vierten Fingers, die wir vorher im §. 9.

188 Des achten Hauptstücks, dritter Abschnitt.

schon berühret haben. Und endlich wird nach der im zehenten Paragraph angezeigten Art in dem Beyspiele N. IV. der erste Finger zurück gezogen.

§. 18.

Nun kommen wir noch auf eine Spielart, bey der man sich mehrentheils der vermischten Applicatur bedienen muß. Es sind jene gebrochene Accorde, so man Arpeggio (a), deren Vortrag aber das Arpeggieren nennet. Die Art diese gebrochnen Accorde vorzutragen wird theils von dem Componisten angezeiget: theils von dem Violinisten nach eigenem Gutdünken gemacht. Bey dieser Gelegenheit will ich zugleich auch ein und andere Veränderung, die mir geschwind beyfällt, hersetzen. Hier sind sie.

§. 19,

(a) Es kommt von dem Wort Harpfe (Arpa). Es heißt also Arpeggieren (von arpeggiare) auf Harpfenart spielen; das ist: die Töne nicht zugleich, sondern zergliedert vortragen.

Des achten Hauptstücks, dritter Abschnitt. 189

und so fort.

A a 3

190 Des achten Hauptstücks, dritter Abschnitt.

S. 19.

Des achten Hauptstücks, dritter Abschnitt.

§. 19.

In diesen Beyspielen findet man die Ueberlegung; dann das Ausstrecken und Zurückziehen eines, und auch oft zweener Finger zugleich. Man findet ferner das ordentliche Hinauf- und Herabgehen durch die vermischte Applicatur: und endlich findet man auch etwelche Veränderungen in der Arpeggierung. Wie das Arpeggio in dem ersten Tacte eines jeden Erempels angezeiget ist; so muß man in der Folge der übereinander gesetzten Noten fortfahren. Es sind diese wenige Beyspiele freylich nur ein Schattenriß aller möglichen Veränderungen sowohl dieser Applicatur, als der gebrochenen Accorden: Doch wenn ein Anfänger diese rein abspielen kann, so hat er einen so guten Grund geleget, daß er sehr wenig Beschwerniß finden wird alles, was ihm dergleichen vorkömmt, bald richtig und rein vorzutragen.

§. 20.

Zum Beschlusse dieses Hauptstückes muß ich noch eine nützliche Beobachtung einschalten, die ein Violinist bey Abspielung der Doppelgriffe machen kann: um mit guten Tone, kräftig und rein zu spielen. Es ist unwidersprechlich, daß eine Seyte, wenn sie angeschlagen oder gestrichen wird, eine andere ihr gleichgestimmte Seyte auch in Bewegung setze (*b*). Dieß ist aber nicht genug. Ich habe die Probe auf der Violin, daß beym Zusammenstreichen zweener Töne auch so gar bald die Terz, bald die Quint, bald die Octav u. s. f. von sich selbst auf eben dem nämlichen Instrumente dazu klinge. Dieses dienet nun zur untrüglichen Probe, womit sich jeder selbst prüfen kann, ob er die Töne rein und richtig zu spielen weiß. Denn wenn zweene Töne, wie ich

sie

(*b*) Daß dieß eine den Alten schon bekannte Sache war, sagt uns Aristides Quintilianus Lib. 2. de Musica mit diesen Worten: Si quis enim in alteram ex duabus Chordis eundem Sonum edentibus parvam imponat ac levem stipulam: alteram autem longius inde tentam pulset, videbit Chordam stipula onustam evidentissime una moveri. Es läßt sich auch eine andere Probe machen. Man hänge ein Geiginstrument, dessen Seyten nicht etwa gar zu sehr ausgespannet sind, nahe zu einer Orgel; so wird man, wenn die Töne, welche die leeren Seyten des Geiginstruments haben, auf der Orgel berühret werden, zu gleicher Zeit die leeren Seyten auch, obwohl unberührt mitklingen hören, oder wenigst eine starke Bewegung derselben bemerken. Oder man geige auf einer nicht zu stark bezogenen, und etwas tief gestimmten Geige das (*g*) mit dem dritten Finger auf der (*D*) Seyte; so wird sich die leere (*G*) Seyte gleich selbst bewegen.

192 Des achten Hauptstücks, dritter Abschnitt.

sie unten anzeigen werde, gut genommen und recht aus der Violin, so zu reden, heraus gezogen werden; so wird man zu gleicher Zeit die Unterstimme in einem gewissen betäubten und schnarrenden Laut gar deutlich hören: sind die Töne hingegen nicht reingegriffen, und einer oder der andere nur um ein biß- chen zu hoch oder zu tief; so ist auch die Unterstimme falsch. Man versuche es mit Geduld: und wer sich gar nicht darein finden kann, der spiele anfangs auch die schwarze Grundnote, und nähere die Geige dem Gehör, so wird er bey dem Abspielen der zwo obern Noten eben diese untere schwarze Note dazu schnarren hören. Je näher man die Violin an das Ohr hält, je mehr darf man den Strich mäßigen. Vor allem aber muß die Violin gut bezogen und rein gestimmet seyn. Hier sind einige Proben davon. Man sieht daraus wie gewaltig der harmonische Dreyklang (trias harmonica) ist. Z. E. Wenn die zwo Noten eine kleine Terze von einander abstehen; so hört man unten die grosse Terz oder Decime dazu: Es macht also einen wohl zusammenstimmen- den Dreyklang.

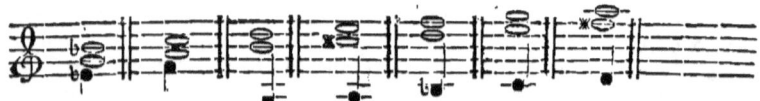

Wenn hingegen die zwo Noten eine grösse Terze betragen; so hört man die Octav zur untern Note.

Stehen die 2. Töne eine natürliche Quart von einander; so höret man zur untern Note die Quint.

Des achten Hauptstücks, dritter Abschnitt. 193

Sind die zwo Noten um eine kleine Sechste von einander, so höret man die grössere Terz, oder Decime.

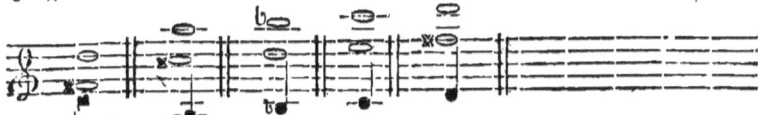

Bey der grössern Sechste klinget unten die Quint.

Man hört es noch deutlicher, wenn man einige Doppelgriffe gleich nach einander nimmt: denn da fällt die Abänderung dieser schnarrenden Töne mehr in die Ohren. Z. E.

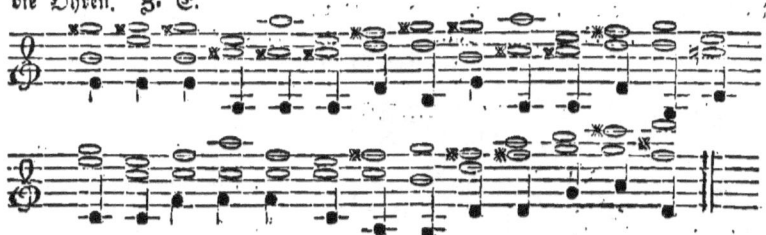

Das neunte Hauptstück.

Von den Vorschlägen, und einigen dahin gehörigen Auszierungen.

§. 1.

Die Vorschläge sind kleine Nötchen, die zwischen den gewöhnlichen Noten stehen, aber nicht zum Tacte gerechnet werden. Sie sind von der Natur selbst dazu bestimmet die Töne mit einander zu verbinden, und eine Melodie dadurch singbarer zu machen. Ich sage: von der Natur selbst. Denn es ist unlaugbar, daß auch ein Bauer sein Bauernlied etwa also mit Vorschlägen

schliesset: da es doch im Grunde nur so heißt: Die Natur selbst reißt ihn mit Gewalt dahin. Gleichwie oft der einfältigste Bauer in Figuren und Schlüssen redet, ohne es selbst zu wissen. Die Vorschläge sind bald Dissonanten (a); bald sind sie eine Wiederholung der vorigen Note; bald eine Auszierung einer leeren Melodie, und eine Belebung eines schläfrigen Satzes; und endlich sind sie dasjenige, was den Vortrag zusammen hänget.

Es ist demnach eine Regel ohne Ausnahme: Man trenne den Vorschlag niemal von seiner Hauptnote, und nehme sie allezeit an einem Bogenstriche.

(a) Wer nicht weis, was ein Dissonant ist; dem will ich es sagen: ja ich darf ihm nur die Consonanten nennen. Die Consonanten sind der Einklang, die größere Terz und auch die kleinere, die Quint, die Sechste und die Octav. Die Dissonanten sind alle die anderen Intervaller die man im §. 5. des dritten Hauptstückes nachsehen mag. Die Abtheilung der Consonanten und Dissonanten, und alles übrige gehört zu der Setzkunst.

Das neunte Hauptstück.

striche. Daß aber die nachfolgende, und nicht die vorausstehende Note zu dem Vorschlage gehöre, wird man wohl aus dem Worte, Vorschlag, schon selbst abnehmen.

§. 2.

Es giebt absteigende und aufsteigende Vorschläge, die aber beyde auch in anschlagende und durchgehende getheilet werden. Die absteigenden Vorschläge sind die natürlichsten, weil sie die wahre Natur eines Vorschlags nach den richtigsten Compositionsregeln haben. Z. E.

§. 3.

Die absteigenden Vorschläge sind aber auch zweyerley: nämlich die langen und die kurzen. Der langen sind wieder zwo Gattungen, davon eine länger als die andere ist. Wenn der Vorschlag vor einer Viertheilnote, Achtheilnote oder Sechzehntheilnote stehet, so ist er schon ein langer Vorschlag; er gilt aber nur den halben Theil der Note, die nachkömmt. Man hält also den Vorschlag die Zeit, so der halbe Theil der Note beträgt; nachdem aber schleift man die Note ganz gelind daran. Was die Note verliert, bekömmt der Vorschlag. Hier sind Beyspiele:

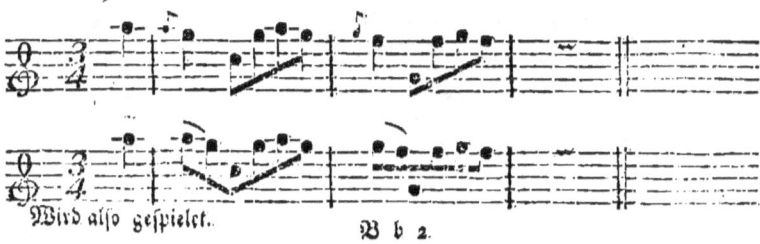

Wird also gespielet.

196   Das neunte Hauptstück.

Man konnte freylich alle die absteigenden Vorschläge in grosse Noten setzen und in den Tact austheilen. Allein wenn ein Spieler darüber kömmt, der nicht kennet, daß es ausgeschriebene Vorschläge sind, oder der alle Noten zu verkräuseln schon gewohnet hat, wie sieht es alsdann sowohl um die Melodie als Harmonie aus? Ich wette darauf ein solcher schenket noch einen langen Vorschlag dazu und spielet es also:

welches doch nimmer natürlich, sondern schon übertrieben und verwirret läßt (b). Es ist nur schade, daß Anfänger so leicht in diesen Fehler verfallen.

§. 4.

Die zwote Art der langen Vorschläge, die man die längern Vorschläge nennen mag, findet man erstlich bey punctierten Noten; zweytens, bey halben Noten, wenn sie im 3/4 Tacte gleich Anfangs stehen, oder wenn im Zweyviertheil oder Vierviertheiltacte nur eine oder höchstens zwo vorkommen, davon eine mit dem Vorschlage bemerket ist. In diesen Fällen wird der Vorschlag länger gehalten. Bey den punctierten Noten hält man den Vorschlag so lang, als die Zeit der Note austrägt; anstatt des Puncts hingegen

*) Nec desis operæ, nevæ immoderatus abundes. Horat. Lib. III. Sat. V.

Das neunte Hauptstück. 197

gegen nimmt man erst den Ton der Note, doch so, als wenn ein Punct dabey stünde: denn man erhebt den Bogen, und spielt die letzte Note so spät, daß durch eine geschwinde Abänderung des Strichs die daraufkommende Note gleich daran gehöret wird. Z. E.

So wird es geschrieben.

Es wird also gespielet.

Wenn man aber eine halbe Note bey den oben angemerkten zweenen Zufällen, mit dem Vorschlage abspielen will; so bekömmt der Vorschlag drey Theile der halben Note, und bey dem vierten Theile nimmt man erst den Ton der halben Note. Z. E.

So schreibt mans.

Wird also gespielet.

§. 5.

Es giebt noch andere Fälle wo man den längern Vorschlag braucht, die aber alle unter die Spielart der punctierten Noten gehören. Z. E. im $\frac{2}{4}$ und $\frac{3}{8}$ Tacte sind oft zwo Noten auf einem Tone an einander gebunden, deren die vordere einen Punct nach sich hat. In solchem Falle wird der Vorschlag die ganze Zeit ausgehalten, welche die Note sammt dem Puncte beträgt. Z. E.

198 Das neunte Hauptstück.

Eben auf diese Art hält man in folgenden Beyspiele den Vorschlag durch das ganze erste Viertheil aus, und beym zweyten Viertheile nimmt man erst die Hauptnote, und spielt die übrigen gleich daran fort. Dieß läßt sich aber bey halben Noten nicht allemal thun, wie wir bey den kurzen Vorschlägen sehen werden.

Und manchmal steht eine Sospier oder oft gar eine Pause da, wo man noch die Note hören sollte. Wenn es nur der Componist dabey versehen hat; so muß der Violinist gleichwohl gescheider seyn, und den Vorschlag so lang aushalten als die folgende Note gilt, bey der Pause aber erst in den Ton der Note einfallen. Z. E.

So

Das neunte Hauptstück.

So soll man es schreiben, und auch so spielen.

Es gehöret aber entweder die Einsicht in die Composition oder eine gesunde Beurtheilungskraft dazu; und diese meine Lehre verstehet sich hauptsächlich, wenn man allein spielet: denn in Stücken von mehr Stimmen könnte es der Componist wegen der Fortschreitung der Unterstimme oder Mittelstimme eigentlich also verlangen. Z. E.

§. 6.

Die langen Vorschläge entspringen aber nicht allemal aus der vorhergehenden Note. Sie werden auch frey angestoßen. Z. E.

So sind sie geschrieben.   So muß mans spielen.

§. 7.

Sie kommen auch nicht allezeit vom nächsten Tone; sondern aus allen Stuffen. Und da machen sie (c) die Figur des Aufenthalts im vorigen Tone.

§. 8.

(c) Dieß ist zwar Figura retardationis. Das erste Beyspiel ist aber auch eine Wiederholung, die man unter die **Figuren der Redekunst** zählet und mit ihrem rechten Namen Anaphora heißt.

200 Das neunte Hauptstück.

§. 8.

Vor allem muß man beobachten: erstlich, daß man bey den absteigenden Vorschlägen niemal die leere Saite zum Vorschlag brauche: sondern daß man, wenn ein Vorschlag auf eine solche fällt, selbem allemal mit dem vierten Finger auf der neben liegenden tiefern Saite nehme. Zweytens muß die Stärke des Tones bey den langen und längern Vorschlägen allezeit auf den Vorschlag; die Schwäche aber auf die Note fallen. Es muß aber mit einer angenehmen Mäßigung des Bogenstriches geschehen. Auch die Stärke muß eine Schwäche vor sich haben. Man kann einen langen Vorschlag, von denen hier die Rede ist, gar leicht etwas weich anstoßen, den Ton an der Stärke geschwind wachsen lassen, in der Mitte des Vorschlags die größte Stärke anbringen, und alsdann die Stärke so verliehren, daß letzlich die Hauptnote ganz piano darein schleift. Absonderlich aber hüte man sich bey der Hauptnote mit dem Bogen nachzudrücken. Man muß nur den Finger, mit dem der Vorschlag gemacht wird, aufheben, den Bogen aber gelind fortgehen lassen.

Das neunte Hauptſtück.   204

te in der höhern Quarte oder in der tiefern Quinte nachgeahmet wird; oder wenn man ſonſt vorſieht, daß durch einen langen Vorſchlag die Regelmäſſige Harmonie und folglich auch die Ohren der Zuhörer beleidiget würden; und endlich wenn in einem Allegro, oder andern ſcherzhaften Tempo etwelche Noten Stuffemweiſe, oder auch Terzweiſe nacheinander abſteigen, deren jede einen Vorſchlag vor ſich hat; in welchem Falle man den Vorſchlag ſchnell wegſpielet, um dem Stücke durch das lange Aushalten der Vorſchläge die Lebhaftigkeit nicht zu benehmen. Hier folgen die Beyſpiele, wo der Vortrag mit langen Vorſchlägen viel zu ſchläfrig klingen würde.

Bey dieſen Septbindungen ſollte man zwar allezeit erſt bey der Achttheilnote (*) von dem Vorſchlage in die Hauptnote einfallen, wie §. 5. geſagt worden: allein wenn eine zwote Stimme dabey iſt, gefällt es mir gar nicht. Denn erſtlich, fällt die Septime erſt mit der Grundnote ein, und hat ihre rechte Vorbereitung nicht; obwohl etwa einer ſagen möchte; das Gehör werde durch das Se-

202   Das neunte Hauptstück.

mitonium des Vorschlags betrogen, und durch diesen Aufenthalt, als ein zierliche Suspension dennoch schon vergnüget. Zweytens fallen die Töne im ersten halben Theile des Tactes so widrig zusammen, daß wenn es nicht recht geschwind weggespielet wird, die Dissonanze dem Gehör unerträglich ist. Z. E.

§. 10.

Die aufsteigenden Vorschläge sind überhaupt nicht so natürlich, als die absteigenden; sonderheitlich die, welche aus dem nächsten, und zwar aus einem ganzen Tone herfließen: weil sie meistens Dissonanten sind. Wer weis aber nicht, daß die Dissonanten nicht aufwärts, sondern abwärts müssen gelöset werden? (d) Man handelt demnach sehr vernünftig, wenn man einige Zwischennötchen dazu spielt, die durch die richtige Auflösung der Dissonanten das Gehör vergnügen, und sowohl die Melodie als die Harmonie bessern. Z. E.

(d) Wenn der Baß oder die Grundstimme immer in einem Tone ruhet, darf man freylich nicht so vorsichtig handeln, und man kann alle aufsteigende Vorschläge aus bringen.

Das neunte Hauptstück. 203

Auf diese Art fällt die Stärke auf die erste Note des Vorschlags, und die zwo kleinen Nötchen sammt der darauf folgenden Hauptnote werden gelind daran geschleifet, wie es schon §. 8. ist gelehret worden.

§. 11.

Man pflegt auch den aufsteigenden Vorschlag mit zwo Noten von der Terze zu machen und an die Hauptnote anzuschleifen, wenn auch gleich dem Ansehen nach der Vorschlag aus dem Nebentone herfliessen sollte. Diesen Vorschlag mit zwoen Noten heißt man den Schleifer. Z. E.

Der Schleifer wird aber meistens zwischen zwo entfernten Noten angebracht.

Die erste und punctierte Note wird stärker angegriffen und lange ausgehalten; die zwote abgekürzte aber in der möglichsten Kürze mit der Hauptnote stille daran geschleifet. Man machet den Schleifer aber auch mit gleichen Noten, wie wir im Beyspiele (3) sehen. Doch fällt auch hier die Stärke auf die erste der zwo Vorschlagnoten.

§. 12.

Man kann auch aus dem nächsten Tone einen Vorschlag mit zwo Noten machen, wenn man den über der Hauptnote stehenden Ton dazu nimmt. Aus dieser Art der aufsteigenden Vorschläge entstehen die sogenannte Anschläge, die auch sogar die entfernte Note wiederholen, und dann erst den über der Hauptnote stehenden Ton gelind ergreifen, und beede an die Hauptnote anschleifen. Hier sind die Beyspiele.

204   Das neunte Hauptstück.

Es ist aber wohl zu merken, daß der Anschlag mit zwo gleichen Noten in den Beyspielen (1) und (3) schwach angespielt und nur die Hauptnote stark vorgetragen werde; da im Gegentheile bey dem punctierten Anschlage in den Beyspielen (2) und (4) die punctierte Note stärker angespielet, lange ausgehalten, und die kurze mit der Hauptnote schwach daran geschleifet wird.

§. 13.

Wenn man den aufsteigenden Vorschlag nur mit einer Note und aus dem nächsten Tone nehmen will; so klingt es gut, wenn er gegen der Hauptnote einen halben Ton beträgt. Z. E.

Deßwegen läßt es sehr gut bey einer Schlußnote. Z. E.

Und die grosse Septime, mit der Secund und Quart begleitet, spricht dem aufsteigenden halbtönigen Vorschlage das Wort, und macht einen guten Eindruck in den Gemüthern der Zuhörer; absonderlich wenn die Vorschläge bey den übrigen Stimmen auch allemal hingesetzet sind, und bey dem Abspielen genau beobachtet werden. Z. E.

                                                                         Es

Das neunte Hauptstück. 205

Es kömmt aber auch die vergrösserte Quint noch dazu, und sie vertheidiget den Gebrauch des halbtönigen Vorschlags durch sich selbst. Z. E.

Man vergesse aber nicht, daß die Stärke auf den Vorschlag, die Schwäche aber auf die Hauptnote fallen muß. Wovon die Art des Vortrags §. 8. ist gelehret worden.

§. 14.

Die Vernunft und das Ohr überzeugen uns also, daß ein aus dem Nebentone herfliessender und aufsteigender töniger und langer Vorschlag platz weggespielet nicht allezeit, der halbtönige aber allemal gut sey: weiler, er fliesse aus der grössern Terze, aus der dreytönigen Quarte, oder aus der ver-

C c 3 grösser-

206   Das neunte Hauptstück.

grösserten Sechste, allezeit oder durch die vergrösserte Quint, oder durch die vergrösserte Secund, oder durch die grosse Septime sich regelmässig löset. Derjenige leget demnach seine schlechte Einsicht in die Regeln der Setzkunst an Tag, welcher in seiner Composition einen aufsteigenden ganztönigen Vorschlag in einer solchen Passage anbringet, die ihn auf das allernatürlichste von oben herab führet, und wo ein jeder, ohne daß es hingezeichnet ist, schon selbst einen absteigenden Vorschlag machen würde. Z. E.

Heißt das nicht den aufsteigenden Vorschlag recht ungeschickt (so zu reden) bey den Haaren herbey ziehen? da es doch der Natur gemäß also heissen muß.

Denn die Vorschläge sind nicht erdacht worden, um eine Verwirrung und Härte des Vortrags anzurichten; sie sollen ihn vielmehr ordentlich zusammen verbinden und eben dadurch gelind, singbarer und dem Gehör angenehmer machen.

§. 15.

Die aufsteigenden Vorschläge werden auch sehr oft aus entfernten Tönen hergeholet, wie bey den absteigenden Vorschlägen geschieht, wovon §. 7. gesprochen worden. Hirr ist ein Beyspiel.

Retar-

Retardatio.

Anaphora.

Auch hier fällt die Stärke allemal auf den Vorschlag, und wird nach der im §. 8. gegebenen Lehre gespielet.

§. 16.

Dieß waren nun lauter anschlagende Vorschläge, die der Componist anzeigen muß, oder wenigstens soll und kann: wenn er sich anders eine vergnügliche Hofnung eines guten Vortrags seiner niedergeschriebenen Stücke machen will. Und bey allem dem wird manche gute Composition oft elendig gemartert. Nun kommen wir auf die durchgehenden Vorschläge, Zwischenschläge und andere dergleichen Auszierungen, bey denen die Stärke auf die Hauptnote fällt, und die selten oder gar nicht von den Componisten angezeiget werden. Sie sind also solche Auszierungen, die der Violinist nach seiner eigenen gesunden Beurtheilungskraft am rechten Orte muß wissen anzubringen. Hier folgen sie.

§. 17.

Die ersten sind die durchgehenden Vorschläge. Diese Vorschläge gehören nicht in die Zeit ihrer Hauptnote, in welche sie abfallen, sondern sie müssen in der Zeit der vorhergehenden Note gespielet werden. Man könnte freylich den Vortrag durch kleine Nötchen bestimmen; allein es würde etwas sehr neues und ungewöhntes seyn. Der es ausdrücken will, setzet es schon in richtig eingetheilten Noten hin. Man pflegt diese durchgehende Vorschläge bey einer Reihe Noten anzubringen, die eine Terze voneinander abstehen. Z. E.

Ohne

208 Das neunte Hauptstück.

Ohne Auszierung. So könnte mans schreiben.
her. hin. her.

So aber werden sie gespielet, und auch am gescheidesten geschrieben.

Die Sechzehntheilnote wird ganz gelind und still ergriffen, und die Stärke fällt allemal auf die Achttheilnote.

§. 18.

Man kann die durchgehenden Vorschläge auch bey den Noten anbringen, die hinauf oder herab stuffenweise gehen. Z. E.

Die nackenden Noten. So könnte mans schreiben.
her. hin. her.
So muß man es spielen, und auch schreiben.

Ohne Auszierung. Die Art den Vortrag anzuzeigen.
her. hin.
So wird es gespielt, und auch am besten geschrieben.

Das neunte Hauptstück.

§. 19.

Unter die durchgehenden Vorschläge gehören auch jene willkührliche Auszierungen, die ich übersteigende und untersteigende Zwischenschläge nennen will. Sie gehören zwischen den Vorschlag und die Hauptnote, und fallen ganz gelind von dem Vorschlage auf die Hauptnote ab. Man sehe ihre Gestalt und ihr ganzes Herkommen. Hier sind die absteigenden.

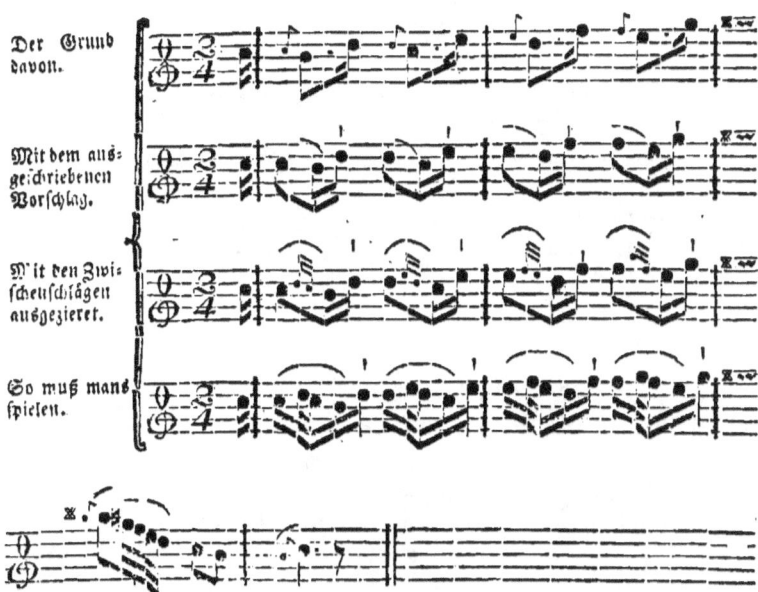

Wenn mans nun aber noch besser und recht lebhaft spielen will; so muß man die e.ste Note jedes Viertheils stark angreifen, die übrigen Noten gelind darein schleifen, die vorletzte Note punctirt und die letzte spät; jedes Viertheil aber an einem Bogenstriche nehmen. Z. E.

210   Das neunte Hauptstück.

§. 20.

Die aufsteigenden Zwischenschläge werden eben also gespielet, und man hat das nämliche dabey zu beobachten. Z. E.

Daß diese aufsteigenden Zwischenschläge dem um einen ganzen Ton aufsteigenden Vorschlage zur Hülfe kommen, weis man aus dem §. 10.

§. 21.

Es liegt klar zu Tage, daß ein Violinist wohl muß zuunterscheiden wissen, ob, und was für eine Auszierung der Componist schon ausgesetzet hat? und ob er noch eine, oder was für eine Auszierung er noch anbringen kann? wir sehen es Sonnenklar in den Beyspielen des 19. und 20. Paragraphs. Denn wie schlecht würde es klingen, wenn der Violinist den vom Componisten schon hingesetzten und in den Tact eingetheilten Vorschlag noch mit einem absteigenden langen Vorschlage beehren wollte. Es heißt z. E.

Alle-

Das neunte Hauptſtück. 211

Es wird aber etwa dieſe unnöthige Auszierung angebracht. Doch, man verſtehe mich wohl, ich rede von einem langen Vorſchlage, auf den die Stärke des Tones fallt.

Hier können jene ungeſchickte Spieler, die alle Noten verkräuſeln wollen, die Urſache einſehen, warum ein vernünftiger Componiſt ſich ereifert, wenn man ihm die ſchon ausgeſetzten Noten nicht platt wegſpielet. In dem gegenwärtigen Beyſpiele ſind die abſteigenden Vorſchläge ſchon niedergeſchrieben und in den Tact eingetheilet. Sie ſind Diſſonanten die ſich ſchön und ordentlich auflöſen, wie wir aus der Unterſtimme und aus den darüber geſetzten Zahlen ſehen, die man mit ihrem rechten Namen die Signaturen nennet. Wer greift es nun nicht mit Händen, daß es ſehr elend läßt, wenn man das natürliche mit noch einem langen Vorſchlage verderbet? wenn man den Diſſonanten, der vorher ſchon regelmäſſig vorbereitet iſt, ausläßt, und eine andere ungereimte Note dafür ergreift? ja wenn man gar die Stärke des Tones auf den unnöthig dazu kommenden Vorſchlag wirft, den Diſſonanten aber ſammt der Auflöſung erſt ſtill daran ſchleifet; da doch der Diſſonant ſtark klingen, und ſich bey der Auflöſung nach und nach erſt verlieren ſolle?

D d 2 Allein

212 Das neunte Hauptstück.

Allein was kann der Schüler dafür, wenn es sein Lehrmeister selbst nicht besser verstehet, und wenn der Lehrmeister selbst auf gut Glück in den Tag hinein spielet ohne zu wissen was er thut? Und dennoch will oft noch dazu ein solcher gerathewohl Spieler ein Componist heissen. Genug! man mache keine, oder nur solche Auszierungen die weder die Harmonie noch Melodie verderben. Und in Stücken, wo mehr als einer aus der nämlichen Stimme spielen, nehme man alle Noten so, wie es der Componist vorgeschrieben hat. Man lerne endlich einmal gut lesen, bevor man mit Figuren um sich werffen will: denn mancher kann ein halbes Dutzend Concerte ungemein fertig und sauber wegspielen; kömmt es aber dazu, daß er etwas anders gleich von der Faust weggeigen solle, so weis er nicht drey Tacte nach des Componisten Meinung vorzutragen; wenn gleich der Vortrag auf das genaueste bestimmet ist. (e)

§. 22.

Es giebt noch einige in dieses Hauptstück gehörige Auszierungen, deren ich eine den Ueberwurf, die andere einen Rückfall oder Abfall, die dritte den Doppelschlag, die vierte den Halbtriller und die fünfte den Nachschlag nennen will. Der Ueberwurf ist eine Note, die vor dem Vorschlage an die vorhergehende Note ganz still angeschleifet wird. Dieser Ueberwurf wird allezeit in die Höhe, bald in den nächsten Ton, bald in die Terz, Quart, u. s. f. auch noch in andere Töne gemacht. Man braucht ihn, theils den aufsteigenden Vorschlag dadurch mit dem absteigenden als dem bessern Vorschlage zu verwechseln; theils aber eine Note dadurch singbarer, theils lebhafter zu machen. Z. E.

(e) Ich eifere für die Reinigkeit des Vortrags: man nehme mirs also nicht übel, daß ich die Wahrheit rede. Quid verum atque decens curo, & rogo, & omnis in hoc sum. Horat.

Das neunte Hauptstück. 213

Das Beyspiel (a) zeiget uns den absteigenden Vorschlag an. Im Beyspiele (b) sehen wir, daß der Vortrag lebhafter und im Beyspiele (c), daß er singbarer wird: überhaupts aber wird man auch bey veränderter Unterstimme in (b) die regelmäßige Vorbereitung der Septime, und bey (c) die Vorbereitung der Sechste finden.

§. 23.

Man kann den Ueberwurf aber auch in den nächsten, und auch in andere entfernte Töne machen. Ich will einige Beyspiele hersetzen (*).

§. 24.

Der Ueberwurf will mir hingegen gar nicht gefallen, wenn die Oberstimme mit der Grundstimme aus der grössern Terze in die reine Quint geht. Denn hieraus entstehen zwo Quinten, die doch aus der guten Musik verbannet sind. Z. E.

Adagio.

Ein recht langer Vorschlag vom (e) in die halbe Note (b) kann es zwar in etwas verdecken.

So gefällt es mir aber besser.

§. 25.

Gleichwie der Ueberwurf hinauf geht, so fällt eben bey der nämlichen Note der Rückfall oder Abfall gegen die darauf folgende Note oder gegen den darauf kommenden Vorschlag herab. Dieß geschieht, wenn die unmittelbar vor dem Vorschlage stehende Note so weit entfernet, oder auch so trocken und schläferig hingesetzet ist, daß man durch diese Auszierung die Figuren besser zusammen hengen, oder lebhafter machen muß. Z. E.

So kann mans spielen.

Man fällt auch auf die nächste Note ober dem Vorschlage herunter, oder gar auf die Note des Vorschlages selbst, um eine Vorbereitung des Dissonanten zu machen. Z. E.

Ohne Auszierung.

Das neunte Hauptstück.

§. 26.

Einen Abfall auf den absteigenden Vorschlag selbst kann man allezeit machen. Aber auf die nächste Note über demselben läßt es sich nicht alleinmal thun. Es kömmt auf die Grundnote an. Z. E.

Wenn man bey der ersten Note einen Abfall in das (b) z. E. machen wollte, so wäre es zwar der Rückfall in den nächsten Ton über dem Vorschlage; allein es würde zur Grundnote (c) sehr elend klingen, und sowohl Melodie als Harmonie verderben. Bey der zwoten

Note

216   Das neunte Hauptstück.

Note, nämlich beym ⁎ (b), ist es hingegen ungemein gut; weil der Rückfall ins (g) zum Grundtone die Sechste machet. Da man nun um die Harmonie nicht zu verderben bey der ersten Note nicht in das (b), sondern ins (c), folglich in den Ton des Vorschlags fallen muß; so mag man auch bey der zwoten Note in die falsche Quint nämlich ins (f) herabgehen, um dadurch die Vorbereitung der reinen Quarte zu machen. Nun schliesse ein jeder selbst ob nicht zur regulären Spielart oder die Einsicht in die Setzkunst, oder eine ungemein gute natürliche Beurtheilungskraft erfordert werde?

§. 26.

Der Doppelschlag ist eine Auszierung von vier geschwinden Nötchen, die zwischen dem aufsteigenden Vorschlage und der darauf folgenden Note angebracht, und an den Vorschlag angehänget werden. Die Stärke des Tones fällt auf den Vorschlag, bey dem Doppelschlage verliehret sich die Stärke, und die Schwäche kömmt auf die Hauptnote. Man sehe wie der Doppelschlag anzubringen ist in dem Beyspiele.

§. 28.

Der Doppelschlag kann aber auch zwischen zwo nahe beysammstehenden, oder zwischen entfernten Hauptnoten angebracht, und beede Noten dadurch mit einander verbunden werden.

Her-

Das neunte Hauptstück. 217

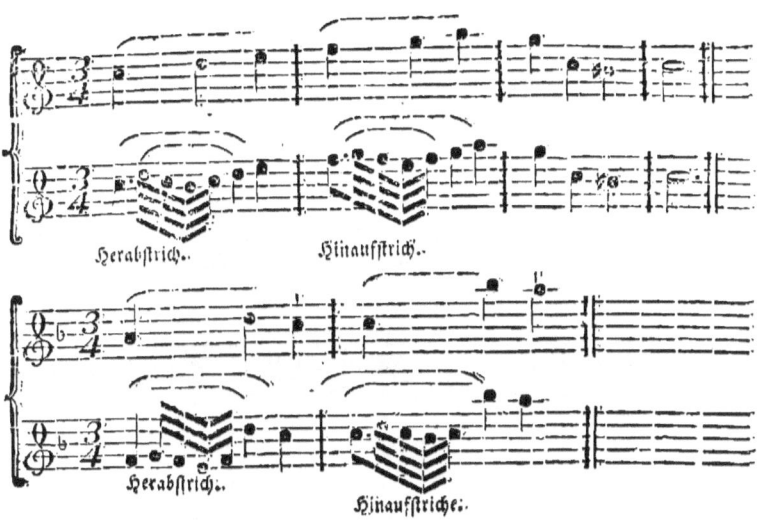

§. 29.

Schier eben so sieht der Halbtriller aus; nur daß es umgekehret ist. Er wird zwischen dem Vorschlage und der Hauptnote, doch so geschwind angebracht, daß er dem Anfange eines Trillers ganz ähnlich läßt; daher er auch den Namen hat. Die Stärke fällt auch hier auf den Vorschlag; das übrige muß sich im Tone verlieren. Hier ist ein Beyspiel.

Das neunte Hauptstück.

§. 30.

Nun will ich noch eine Art der hieher gehörigen Auszierungen beybringen, die ich Nachschläge nennen will. Es sind dieselben ein paar geschwinde Nötchen, die man an die Hauptnote anhänget, um den Vortrag lebhafter zu machen. Die erste, dieser zwo Noten wird aus dem nächsten höhern oder tiefern Tone genommen, und die zwote ist die Wiederholung des Hauptones. Beede Nötchen müssen sehr geschwind und erst am Ende der Hauptnote vor dem Eintritt in den folgenden Ton genommen werden. Z. E.

Das neunte Hauptstück.

So wird es gespielt.

Diese Nachschläge, Zwischenschläge und alle die itzt beygebrachten durchgehende Vorschläge, und Auszierungen müssen keineswegs stark angestossen, sondern gelinde an ihre Hauptnote abgeschleifet werden; wodurch sie sich auch von den anschlagenden Vorschlägen, bey denen man die Stärke anbringet, gänzlich unterscheiden, und nur in dem allein mit ihnen übereinkommen; daß sie in dem nämlichen Striche an die Hauptnote gezogen werden.

Das zehente Hauptstück.
Von dem Triller.

§. 1.

Der Triller ist eine ordentliche und angenehme Abwechselung zweener nächsten Töne, die entweder um einen ganzen, oder um einen halben Tone voneinander abstehen. Der Triller ist demnach hauptsächlich zweyerley: nämlich der mit der grössern, und mit der kleinern Secunde. Und ich kann nicht einsehen warum einige das Anschlagen der kleinern Secunde, mit dem Worte Trilleto von dem Anschlagen der grössern Secunde, als dem Triller (trillo) unterscheiden wollen: do doch Trilleto nur einen kurzen Triller, Trillo aber allemal einen Triller anzeiget; er sey hernach vom ganzen oder halben Tone gemacht.

§. 2.

Daß man jene Note, bey der man einen Triller anbringen muß, mit einem kleinen (*tr*) Buchstaben bemerke, wissen wir aus dem dritten Abschnitte des ersten Hauptstücks. Nun muß man den Finger, mit der man eine solche mit dem (*tr*) bezeichnete Note greift, stark niederdrücken; und mit dem nächsten Finger den über diese Note stehenden höhern ganzen oder halben Ton anschlagen, und wieder auflassen, so daß diese zween Töne immer wechselweis gehöret werden. Z. E. *tr* Hier wird der erste Finger unverrückt und stark im (h) niedergehalten: der zweyte oder trillierende Finger aber wird ganz leicht in der puren (c) Note auf und niedergeschlagen; welches man ganz langsam also üben muß.

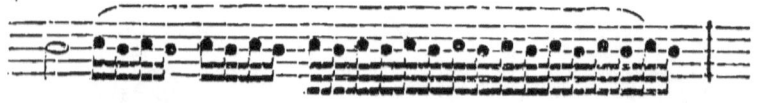

§. 3.

Das zehente Hauptstück. 221

§. 3.

Da nun aber der Triller entweder mit der gröffern oder mit der kleinern Secunde geschlagen wird; so hat man genau auf die Tonart des Stückes und die nebenbey vorkommenden Ausweichungen in die zufälligen Tonarten zu sehen. Es ist ein schändlicher Fehler, den manche haben, die nicht nur allein niemals dahin sehen, ob sie den Triller mit der gröffern oder kleinern Secunde schlagen müssen; sondern die den Triller entweder gar in der Terze oder im Zwischentone auf gerabewohl machen. Man muß also den Triller weder höher noch tiefer anschlagen, als es die Tonart des Stückes erfordert. Z. E.

Mit der gröffern Secunde, oder der ganztönige Triller,

Mit der kleinern Secunde, oder der Halbtönige.

§. 4.

Es giebt nur einen Fall, wo es scheint als könnte man den Triller aus der kleinen Terze oder vergrößerten Secunde machen: Und ein grosser italiänischer Meister lehret seine Schüler so. Allein auch in diesem Falle ist es besser, wenn man den Triller gar weg läßt, und davor eine andere Auszierung anbringet. Z. E.

Hier klingt der Triller sehr elend.   Ist besser ohne Triller mit einer andern Auszierung.

222　　　　　Das zehente Hauptstück.

Ja ich sehe gar nicht, warum man in diesem Falle nicht sollte den Triller mit dem puren natürlichen (b) anschlagen können? Man versuche es nur selbst.

§. 5.

Der Anfang und das Ende eines Trillers kann auf unterschiedliche Art gemacht werden. Man kann ihn gleich von oben herab zu schlagen anfangen. Z. E.

Man kann ihn aber auch durch einen absteigenden Vorschlag, den man etwas länger aushält, oder durch einen absteigenden Vorschlag mit einem Ueberwurfe, oder durch eine solche zurückschlagende Bewegung vorbereiten, die man Ribattuta nennet, und welche man bey dem Schlusse einer Cadenze anzubringen pfleget, wo man sich an das Zeitmaß nimmer binden darf.

§. 6.

Das zehente Hauptstück.   223

§. 6.

Eben also kann man den Triller entweder platt weg, oder mit einer Auszierung schliessen. Z. E.

So schliesset man am gewöhnlichsten und natürlichsten.

Oder mit dem Nachschlage.

Ein ausgezierter Schluß.

Mit einem schnellen Vorschlage und Nachschlage spielt man alle kurzen Triller. Z. E.

§. 7.

Der Triller läßt sich der Geschwindigkeit nach in vier Gattungen theilen: nämlich in den langsamen, mittelmäßigen, geschwinden und anwachsenden. Der langsame wird in traurigen und langsamen Stücken gebraucht; der mittelmäßige in Stücken, die zwar ein lustiges, doch anbey ein gemäßigtes und artiges Tempo haben; der geschwinde in Stücken die recht lebhaft, voller Geist und Bewegung sind; und endlich braucht man den anwachsenden Triller meistentheils bey den Cadenzen. Diesen letztern pflegt man auch mit piano und forte auszuschmücken: denn er wird am schönsten auf die hier beygefügte Art vorgetragen.

Schwäche

Das zehente Hauptstück.

§. 8.

Der Triller muß überhaupts nicht zu geschwind geschlagen werden, sonst wird er unverständlich, meckerend, oder ein sogenannter Geistriller. Ferner darf man auf den feinern und hochgestimmten Seyten einen geschwindern Triller schlagen, als auf den dicken und tief gestimmten Seyten: weil die letztern sich langsam, die ersten aber sich sehr geschwind bewegen. Und endlich muß man auch, wenn man ein Solo spielet, den Ort beobachten, wo man seine Stücke aufzuführen gedenket. An einem kleinen Orte, welches etwa noch dazu austapeziert ist, oder wo die Zuhörer gar zu nahe sind, wird ein geschwinder Triller von besserer Wirkung seyn. Spielet man hingegen in einem grossen Saal, wo es sehr klinget, oder sind etwa die Zuhörer ziemlich entfernet; so wird man besser einen langsamen Triller machen.

§. 9.

Man muß vor allem sich üben einen langen Triller mit Zurückhaltung des Striches zu machen. Denn manchmal muß man eine lange Note aushalten die mit einem Triller bezeichnet ist: und es würde eben so ungereimt lassen dabey abzusetzen, und den Bogen zu ändern; als wenn ein Sänger mitten in einer langen Note Athem hollen wollte: (a) Es ist auch nichts abgeschmackters, als wenn bey einer Cadenze, wo man an das Zeitmaaß nicht gebunden ist, der Triller so schnell und unerwartet abgebrochen wird, daß die Ohren der Zuhörer

(a) Es kann zwar alles zur Mode werden: und ich sah wirklich schon einige die beym Cadenztriller den Bogen ein paar mal änderten, um nur einen recht schrecklichen langen Triller zu machen, und dadurch ein Bravo zu erhalten. Mir gefällt es nicht.

Das zehente Hauptstück. 225

hörer mehr beleidiget als belustiget werden. Es wird in solchem Falle dem
Gehör etwas entrissen; und man bleibt eben deswegen unvergnügt, weil man
noch eine längere Aushaltung erwartet hat: gleichwie es den Zuhörern gewiß
ungemein hart fällt, wenn sie den Mangel des Athems an einem Singer bemerken. Doch ist auch nichts lächerlicheres, als ein über die Maaße langer
Triller. Man gehe demnach den mittlern Weg, und mache einen solchen
Triller, welcher dem guten Geschmacke am nächsten kömmt.

§. 10.

Alle Finger müssen durch eine rechtschaffene Uebung zum Trillerschlage
gleich starf und geschickt gemacht werden. Man gelanget nicht geschwinder dazu, als wenn man die Triller durch alle Töne übet, und sonderlich den vierten Finger nicht ruhen läßt. Dieser, da er der schwächeste und kürzeste ist,
muß durch die pure fleißige Uebung kräftiger, etwas länger, geschickter und
brauchbarer werden. Mit dem ersten Finger wird niemals auf der leeren Seyte
ein Triller geschlagen, ausgenommen bey dem Doppeltriller, davon wir bald
hören werden; wo sich's auch nicht anders thun läßt. Bey dem einfachen Triller
nimmt man anstatt der leeren Seyte allemal den zweyten Finger auf der tiefern
Nebenseyte in der ganzen Applicatur. Z. E.

§. 11.

Die Vorschläge muß man sowohl vor als nach dem Triller am rechten
Orte, und in gehöriger Länge oder Kürze anzubringen wissen. Wenn ein Triller
mitten in einer Passage vorkömmt: z. E.

so wird nicht nur allein vor dem Triller ein Vorschlag gemacht; sondern der
Vorschlag wird durch den halben Theil der Note gehalten: bey dem andern
Mozarts Violinschule.   F f   Theile

226 Das zehente Hauptstück.

Theile aber wird erst der Triller mit dem Nachschlage angebracht; so wie es hier ausgesetzet ist.

Wenn man eine Passage mit einem Triller anfängt: so wird der Vorschlag kaum gehöret, und er ist in solchem Falle nichts denn ein starker Anstoß des Trillers. Z. E.

§. 12.

Die auf den Triller unmittelbar folgende Note darf eben auch nicht allemal einen Vorschlag vor sich haben. Bey einer förmlichen Cadenze, sonderheitlich am Ende eines Stückes, und die ohne sich an das Zeitmaaß zu binden, nach Belieben gemacht wird, bey einem Hauptschlusse nämlich wird nach dem Triller vor der Schlußnote niemals ein Vorschlag gemacht, es mag hernach die Note von der Quinte herab oder von der grossen Terze hinauf gehen. Z. E.

§. 13.

Auch bey den Zwischencadenzen, die absteigen und lang sind, ist es allemal besser, wenn man durch ein paar Nötchen, die man als einen Nachschlag an den Triller anhenget, und die man etwas langsamer vorträgt, gleich in den Ton der Schlußnote fällt; als wenn man durch einen Vorschlag vor der Schlußnotte den Vortrag schläferig machet. Ich verstehe es aber von langen, nicht aber von kurzen Noten, bey denen der Vorschlag allezeit kann angebracht werden. Hier sind lange Zwischencadenzen.

Das zehente Hauptſtück.   227

Es läßt aber noch ſchöner und ſingbarer, wenn man den letzten der zwo kleinen Nachſchlagnötchen noch einen durchgehenden Vorſchlag giebt, den man ganz gelind daran ſchleifet. Z. E.

§. 14.

Hingegen muß man bey den langen Zwiſchencadenzen die aufſteigen, gleich bey dem Schluße des Trillers in die Schlußnote eintreten; oder man muß den Nachſchlag nur mit zwo Nötchen nehmen, und alsdann einen Vorſchlag aus der Terze von zwoen Noten machen: welches man aus der Grundnote ſehen muß.

Hier läßt ſich ein Vorſchlag aus der Terze machen.

§. 15.

228 Das zehente Hauptstück

Hier muß man bey dem Ende des Trillers eine Vorausnehmung oder Voranschlagung der Schlußnote anbringen. (*)

§. 15.

Nun soll man freylich auch einige Regeln geben: Wenn und wo die Triller anzubringen sind. Allein wer wird sich doch gleich aller möglichen Zufälle erinnern, die sich in so vielen Sing- und Spielmelodien ereignen können? Ich will es doch versuchen, und einige Regeln hersetzen.

Als eine Hauptregel mag man sich wohl merken, niemals einen Gesang mit einem Triller anzufangen, wenn es nicht ausdrücklich hingeschrieben ist, oder wo es nicht ein besonderer Ausdruck erfordert.

§. 16.

Man muß überhaupts die Noten nicht mit Trillern überhäuffen. Bey vielen stuffenweise aufeinander folgenden Achttheilnoten oder auch Sechzehntheilnoten, sie mögen geschleifet oder ausgestoßen seyn, kann allemal bey der ersten von zwoen der Triller ohne Nachschlag angebracht werden. In solchem Falle

Das zehente Hauptstück. 229

le fällt der Triller auf die erste, dritte, fünfte und siebende Note, u. s. f.
3 E.

her. hin.

Wenn man aber den Triller schon bey der Noten des Aufstreichs ausser dem Tacte anfängt: so kommt der Triller auf die zwote, vierte, und sechste Note, u. s. f. Diese Art des Vortrags läßt noch fremder, wenn man ihn, wie es auch seyn soll, mit verändertem Striche abspielet. Man braucht ihn aber nur in lebhaften Stücken, und es sind alle diese Triller ohne Nachschlag.

her. hi. he. hi. her. hin. he. her.
hin. hin.

§. 17.

Wenn man vier Noten vor sich hat, deren die ersten angestossen, die andern drey aber zusammen geschleifet vorzutragen sind; so kömmt der Triller ohne Nachschlag auf die mittlere der drey zusammengezogenen. Z. E.

hin. her. hin. her. hin.

§. 18.

Die erste von vier gleichen Noten kann man durch den Triller ohne Vorschlag von den übrigen unterscheiden, wenn man die ersten zwo in einem Streiche zusammen schleifet, jede der andern zwo aber mit ihrem besondern Striche abgeigt. Z. E.

§. 19.

230   Das zehente Hauptstück.

§. 19.

Wenn man punctirte Noten ohne Vorschläge vortragen will; so kann man in einem langsamen Zeitmaaße bey jedem Puncte einen kleinen Triller mit einem geschwinden Nachschlag anbringen.

Adagio.

§. 20.

Man kann aber auch bey punctirten Noten entweder die erste oder die letzte mit einem Triller ohne Nachschlag abspielen. Z. E.

Dieser Vortrag gehöret nur zu Spielmelodien.

Bey dem ersten Beyspiele pflegt man nicht jede Note besonders abzugeigen; sondern man nimmt jedes Viertheil in einem Bogenstriche, doch so, zusammen: daß bey dem Puncte der Bogen aufgehoben, und die kurze Note am Ende des Bogens, kaum von der Wendung, noch an den nämlichen Bogenstrich genommen wird.

Das zehente Hauptstück.   231

wird. Im zweyten Beyspiele aber muß der Bogen bey dem Punkte völlig von der Violin weggelassen werden; wie ich es hier klärer vor Augen legen will. Z. E.

her. hin. her. hin. her. hin. her. hin.

Diese Triller sind aber nur kurze und geschwinde Triller ohne Nachschlag (trilletti) oder sogenannte Pralltriller, die demjenigen, der sonst schon einen guten machen kann, nimmer schwer zu lernen sind. Diese kurzen Triller sehen also aus.

§. 21.

Unter den musikalischen Auszierungen, deren man sich heut zu Tage bedienet, sieht man auf aufsteigende und absteigende Triller, die meistentheils schon angezeiget werden. Es sind selbe eine Reihe stuffenweise auf und absteigender Noten, deren jede mit einem Triller gezieret wird. Dabey ist zu beobachten: erstlich, daß man alle Noten in einem Bogenstriche nehme; oder wenn derselben gar zu viel sind, daß man bey dem Anfange des Tactes oder im geraden Tacte beym dritten Viertheile den Strich verändere. Zweytens, muß man den Bogen niemals ganz von der Violin weglassen; sondern man muß die trillierenden Noten durch einen kaum merklichen Nachdruck mit dem Bogen gleichsam forttragen. Drittens muß die Hülfe des Bogens mit dem Fortrücken der Finger sich so vereinigen: daß sie nicht nur allein allezeit

zu

232 **Das zehente Hauptstück.**

zugleich mit einander fortschreiten; sondern daß der Trillerschlag niemal nachlasse, sonst würde man die leere Seyte dazwischen klingen hören.

Man lasse also den Finger mit welchem die Note gegriffen wird allezeit auf der Seyte; man rücke mit der ganzen Hand nach, und man verbinde die Töne wohl mit einander: den Finger hingegen, mit dem man den Triller schlägt, bewege man beständig, und leicht.

§. 22.

Diese auf, und absteigenden Triller können entweder mit dem ersten oder mit dem zweyten Finger, doch allezeit ohne Nachschlag, gemacht werden.
Z. E.

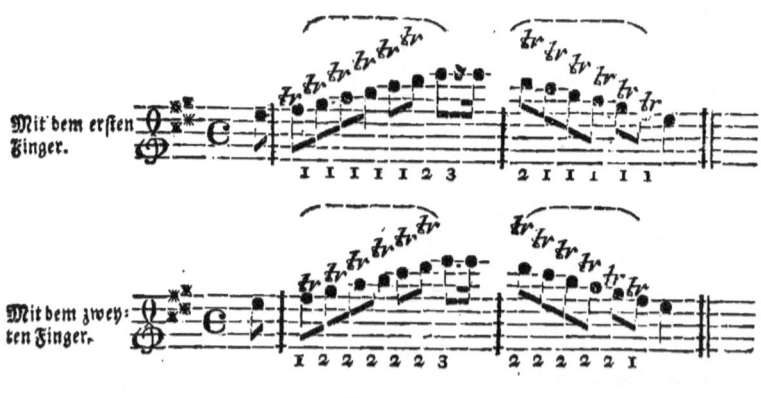

§. 23.

Man muß sie aber auch mit Abwechselung der Finger vorzutragen wissen.
Z. E.

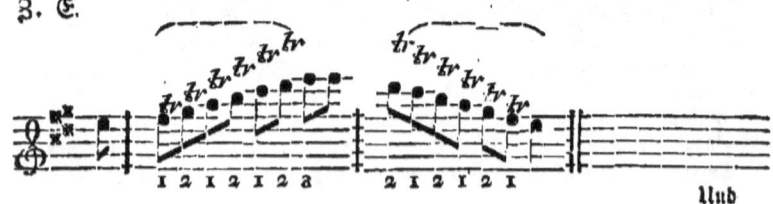

Und

Das zehente Hauptstück.   233

Und so kann man eine recht nützliche Uebung des-auf- und absteigenden Trillers durch die ganze Tonleiter mit Abwechselung der Finger auf allen vier Seyten hinauf und herab öfters vornehmen. Ja ich will eine solche nützbare Uebung einem Schüler recht sehr angerathen haben.

§. 24.

Es ist aber auch nothwendig, daß man durch die halben Töne auf- und absteigen lerne. Z. E.

Hier muß der zweyte und erste Finger (*), sowohl in Herabrücken, als im Hinaufgehen sich unvermerkt ändern; der trillierende Finger aber muß immer fortschlagen.

§. 25.

Bey springenden Noten kann man zwar auch immer mit einem Triller fortschreiten; allein es läßt sich selten, und nur meistens in Cadenzen in einem lebhaften Allegro anbringen. Hier sind einige Beyspiele zur Uebung.

Mozarts Violinschule.   G g   Diese

234 Das zehnte Hauptstück.

Diese durch springende Noten fortschreitende Triller machet man besser mit dem Nachschlage. Und die in den §. 22., 23. und 24. angezeigten auf und absteigenden Triller können, wenn das Tempo recht langsam ist, ebenfalls mit Nachschlag gespielt werden. Man muß aber alsdann allezeit mit dem zweyten oder dritten Finger fortschreiten; damit der erste und zweyte Finger zum Nachschlage kann gebracht werden. Der Nachschlag muß aber schnell und feurig seyn. Z. E.

§. 26.

Es giebt eine Art des auf = und absteigenden Trillers; wo jede Note anstatt des Nachschlages einen geschwinden Abfall auf eine leere Septe nach sich hat. Z. E.

Man muß bey solchen Gängen den Triller so lang machen, als wenn es nur eine Note wäre; und der Abfall muß ganz spät und kaum gehöret werden. Uebrigens kann man jeden Triller mit einem besondern Striche anfangen, oder bey geschwinden Noten mehrere Figuren in einem Striche zusammen nehmen. Z. E.

§. 27.

Das zehente Hauptstück. 235

§. 27.

Es ereignet sich oft, daß zwo Noten über einander stehen, bey derer jeden man einen Triller machen muß. In solchem Falle nun muß der Triller auf zwoen Seyten, und mit zweenen Fingern zugleich geschlagen werden. Z. E.

Hier wird der erste Finger auf der (E) Seyte, nämlich das (fis) und der dritte auf der (A) Seyte, nämlich das (h) stark niedergedrücket; der Triller aber wird auf der (E) Seyte mit dem zweyten, auf der (A) Seyte aber mit dem vierten Finger zu gleicher Zeit geschlagen. Und dieß nennet man einen Doppeltriller, oder den doppelten Triller. Man kann ihn auf die hier nachstehende Art am besten üben.

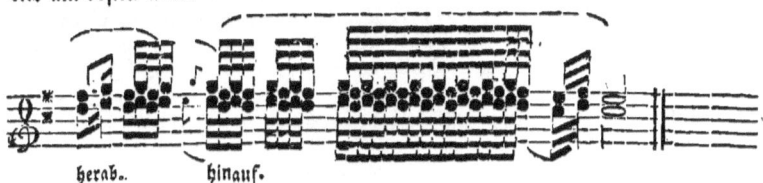

herab. hinauf.

§. 28.

Bey dem Doppeltriller muß auch oft der erste Finger auf der leeren Seyte einen Triller machen. Z. E. Einen solchen Triller übe man auf die nachfolgende Art.

herab. im Hinaufstriche.

236   Das zehente Hauptstück.

Besonders muß man bey dem Doppeltriller wohl darauf sehen, daß man nicht falsch greife; und man muß sich befleißigen, daß man die Noten mit beyden Fingern zugleich anschlage. Hier sind einige Noten, die man mit vielem Nutzen üben mag. Man bemühe sich aber solche nach und nach immer geschwinder abzuspielen, so bekommt man eine Leichtigkeit mit allen Fingern.

§. 29.

Der Doppeltriller wird auf allen Seyten, und durch alle Töne angebracht. Man muß ihn also auch in der Applicatur rein vorzutragen wissen; wo allezeit die Noten mit dem ersten und dritten Finger gegriffen, der zweyte und vierte Finger aber allemal zum Trillerschlag gebrauchet werden. Ich will die Schlüsse mit dem Doppeltriller zur Uebung aus den meisten Tönen hersetzen. Man schließt aber sehr selten mit dem Nachschlage von zwo Noten.

Das zehente Hauptstück. 237

238　　　　　Das zehente Hauptſtück.

§. 30.

Der Doppeltriller ohne Nachſchlage läſt ſich auch durch viele Noten ſtuffenweiſe fort tragen. Man verfährt damit eben ſo, wie mit dem auf-und abſteigenden Triller. Hier iſt ein Beyſpiel. Es wird allemal mit dem erſten und
drit-

Das zehente Hauptstück.   239

dritten Finger fortgegangen: ausgenommen wenn auf die höhere Note eine leere
Seyte kömmt; wo man alsdann den Triller mit dem ersten Finger schlägt.

§. 31.

Es giebt noch einen Doppeltriller, der aber nicht in der Terze, sondern
in der Sechste gemacht wird. Man nennet ihn den Sechsttriller. Er wird
selten, und nur bey Cadenzen zu einer Abänderung als etwas besonderes an=
gebracht. Er sieht also aus (*).

In dem gegenwärtigen Beyspiele wird im ersten halben Tacte bey der (h) Note
allein der Triller gemacht, und die Note (e) wird nur plattbin dazu ausge=
halten. Bey dem zweyten halben Tacte aber wird bey der (h) Note mit dem
zweyten Finger vom cis und unten bey der Note (e) der Triller gemacht. Da nun aber in solchem Falle der erste Finger gleich
nach einander, und zwar in der Geschwindigkeit eines Trillers, im (h) liegen,
und im (b) einen Triller schlagen muß; so ist es nur gar zu handgreiflich,
daß zu dem reinen Vortrage des Sechsttrillers eine besondere fleißige Uebung

höchst

240 **Das zehente Hauptstück.**

höchst nothwendig ist. Nur will ich dabey erinnern, daß man den ersten Finger niemal aufheben, sondern durch eine Bewegung der ganzen Hand nur mit dem vordersten Theile, und etwas weniges nach der Seite an die (b) Saite bringen solle. Hier ist es, so viel es möglich, auch durch Noten ausgedrücket.

§. 32.

Nun kommen wir noch auf einen Triller, den ich den begleiteten Triller (trillo accompagnato) nennen will: weil er noch mit anderen Noten, die ganz platt einher gehen, zu gleicher Zeit begleitet wird. Es ist gar kein Zweifel, daß zu dem reinen Vortrage dieses begleiteten Trillers ein nicht weniger Fleiß erfordert wird. Ich will ein paar Beyspiele hersetzen, die aus den Stücken eines der berühmtesten Violinisten unserer Zeiten gezogen sind. Die untern Noten muß man allemal mit solchen Fingern nehmen, daß dadurch die Fortsetzung des Trillers bey der obern Note nicht gehindert wird. Z. E.

Das zehnte Hauptstück.

N. II.

Die Finger sind hier allemal, wo es immer nöthig ist, durch Zahlen angezeiget. In dem ersten Beyspiele wechselt man schon die Finger im vierten Tacte, um durch die Folge der tiefern Noten nicht gehindert zu werden den Triller, der sich oben bey der halben Note anfängt, immer fortzusetzen. Im zweyten Exempel muß man die letzte Achttheilnote (e) durch Ausstreckung des vierten Fingers auf der (G) Seyte nehmen; da entzwischen bey der schon liegenden (e) Note auf der (D) Seyte der zweyte Finger beständig den Triller fortschlägt. Eben dieß geschieht im sibenten, neunten und fünfzehenten Tacte. Im britten Tacte muß man bey der halben Note (f) schon im halben Theile des ersten Viertheils gleich die Finger ändern, und anstatt des zweyten den erſten hinſetzen, ſo bald die erſte (b) Note der unten ſtehenden Noten mit dem dritten Finger ergriffen wird: um den Trillerſchlag bey den obern Noten nicht zu hindern; welches auch im eilften Tacte geſchieht. Es muß aber auch im vierten und zwölften Tacte gleich wieder eine ſchnelle Veränderung gemacht werden; und man würde die tiefere Viertheilnote nicht nehmen können, wenn man nicht bey der höhern Note den erſten Finger mit dem zweyten verwechſelte.

Das eilfte Hauptstück.
Von dem Tremolo, Mordente und einigen andern willkührlichen Auszierungen.

§. 1.

Der Tremolo (a) ist eine Auszierung die aus der Natur selbst entspringet, und die nicht nur von guten Instrumentisten, sondern auch von geschickten Sängern bey einer langen Note zierlich kann angebracht werden. Die Natur selbst ist die Lehrmeisterin hiervon. Denn wenn wir eine schlaffe Seyte oder eine Glocke stark anschlagen; so hören wir nach dem Schlage eine gewisse wellenweise Schwebung (ondeggiamento) des angeschlagenen Tones: Und diesen zitternden Nachklang nennet man Tremolo, oder Tremoleto.

§. 2.

Mann bemühet sich diese natürliche Erzitterung auf den Geiginstrumenten nachzuahmen, wenn man den Finger auf eine Seyte stark niderdrücket, und mit der ganzen Hand eine kleine Bewegung machet; die aber nicht nach der Seyte sondern vorwärts gegen den Sattel und zurück nach dem Schnecken gehen muß: wovon schon im fünften Hauptstück einige Meldung geschehen ist. Denn gleichwie der zurück bleibende zitternde Klang einer angeschlagenen Seyte oder Glocke nicht rein in einem Tone fortklinget; sondern bald zu hoch bald zu tief schwebet: eben also muß man durch die Bewegung der Hand vorwärts und rückwärts diese zwischentönige Schwebung genau nachzuahmen sich befleißigen.

§. 3.

Weil nun der Tremolo nicht rein in einem Tone, sondern schwebend klinget: so würde man eben darum fehlen, wenn man jede Note mit dem Tremolo abspielen wollte. Es giebt schon solche Spieler, die bey jeder Note beständig

---

(a) Ich verstehe hiedurch keinen Tremulanten, so wie er in den Orgelwerken angebracht wird, sondern eine Bebung (tremoleto).

big zittern, als wenn sie das immerwährende Fieber hätten. Man muß den Tremolo nur an solchen Orten anbringen, wo ihn die Natur selbst hervor bringen würde: wenn nämlich die gegriffene Note der Anschlag einer leeren Seyte wäre. Denn bey dem Schlusse eines Stückes, oder auch sonst bey dem Ende einer Paßage, die mit einer langen Note schließet, würde die letzte Note unfehlbar, wenn sie auf einen Flügel z. E. angeschlagen würde, eine gute Zeit nachsummen. Man kann also eine Schlußnote, oder auch eine jede andere lang aushaltende Note mit dem Tremoleto auszieren.

§. 4.

Es giebt aber eine langsame, eine anwachsende, und eine geschwinde Bebung. Man kann sie zur Unterscheidung etwa also anzeigen.

Die langsame.

Die anwachsende.

Die geschwinde.

Die grösseren Striche mögen Achttheile, die kleinern hingegen Sechzehentheile vorstellen; und so viel Striche sind, so oft muß man die Hand bewegen.

§. 5.

Man muß aber die Bewegung mit einem starken Nachdrucke des Fingers machen, und diesen Nachdruck allemal bei der ersten Note jedes Viertheiles; in der geschwinden Bewegung aber auf der ersten Note eines jeden halben Viertheils anbringen. Zum Beyspiele will ich hier einige Noten setzen, die man sehr gut mit dem Tremolo abspielet; ja die eigentlich diese Bewegung verlangen. Man muß sie in der ganzen Applicatur abgeigen.

N. 1.

Das eilfte Hauptstück. 245

In den zweyen Beyspielen N. 1. fällt die Stärke der Bewegung allemal auf die mit der Zahl (2) bemerkte Note: weil sie die erste Note des ganzen oder halben Viertheils ist. In dem Beyspiele N. 2. hingegen trifft die Stärke aus eben der Ursache auf die mit der Zahl (1) bezeichnete Note.

§. 6.

Man kann den Tremolo auch auf zwoen Seyten und also mit zweenen Finger zugleich machen.

Die

246   Das eilfte Hauptstück.

Die Stärke fällt auf
die zwote Note.

§. 7.

Bevor man eine Cadenze anfängt, die man beym Schlusse eines Solo nach eigener Erfindung dazu machet, pflegt man allemal eine lange Note entweder im Hauptone oder in der Quinte auszuhalten. Bey solcher langen Aushaltung kann man allezeit einen anwachsenden Tremolo anbringen. Z. E. Man kann bey dem Schlusse eines Adagio also spielen.

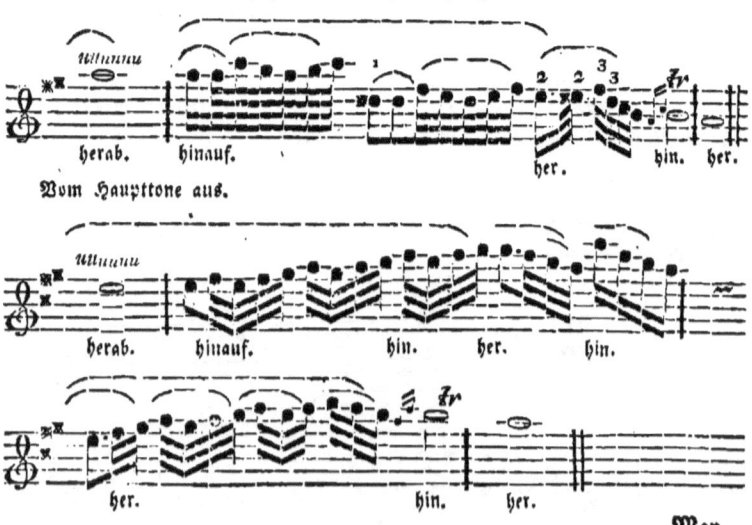

Man

Das eilfte Hauptstück.   247

Man muß aber den Strich mit der Schwäche anfangen, gegen der Mitte zu
wachsen, so: daß die größte Stärke auf den Anfang der geschwindern Bewegung fällt; und endlich muß man wieder mit der Schwäche den Strich enden.

§. 8.

Nun kommen wir auf den Mordente. Den Mordente nennet man
die 2, 3, und mehr kleine Nötchen, die ganz schnell und still die Hauptnote,
so zu reden, anpacken; sich aber augenblicklich wieder verlieren. daß man die
Hauptnote nur allein stark klingen höret (*b*). Nach der gemeinen Redensart
heißt er der Mordant, die Italiener nennen ihn Mordente; die Franzosen
aber Pincé.

§. 9.

Der Mordant wird auf dreyerley Art gemacht. Erstlich kömmt er
aus der Hauptnote selbst. Zweytens aus den zweenen höher und tiefer liegenden nächsten Tönnen. Drittens wird er mit drey Noten gemacht: wo die
Hauptnote zwischen den zweenen benachbarten Tönnen anschlägt. Hier sind alle
drey.

Ich weiß sehr wohl, daß sonst nur die erste Gattung, oder das sogenannte
französische pincé als der eigentliche Mordente das Bürgerrecht hat. Allein,
da

(*b*) Wenn sich andere bey diesem Mortanten, oder Mordente, nach der Worterforschung,
von Mordere mit dem (Beissen) lustig machen; da sie ihn einen Be..ßer nennen:
so darf ich von französischen pincé, welches Zwicken, Zupfen oder P..fetzen heißt,
wohl sagen: daß der Mordant oder das französische sogenannte p..incé ganz still
und geschwind sich an die Hauptnote machet, selbe ungefehr a...beisset, zwicket
oder pfetzet; gleich aber wieder ausläßt.

248   Das eilfte Hauptstück.

da diese meine zwote und dritte Gattung auch Beisser sind und folglich die Eigenschaften eines Mordentes haben, warum sollte man sie nicht auch unter die Mordente mitlaufen lassen? kann es denn nicht höfliche und unhöfliche Anbeisser geben? Meine zwote Gattung sieht zwar etwas dem Anschlage ähnlich, und die dritte scheinet ein Schleifer zu seyn. Der Vortrag unterscheidet sie aber gänzlich. Es giebt punctierte und unpunctierte Anschläge, und so wohl die Anschläge als Schleifer gehören zu singbaren Vortrage und entweder nur im langsamen oder gemäßigten Zeitmaaße zur Ausfüllung und Verbindung des Gesanges veränderlich gebraucht. Diese zwote und dritte Gattung der Mordente hingegen sind unveränderlich, werden mit der größten Geschwindigkeit vorgetragen, und die Stärke fällt allezeit auf die Hauptnote.

§. 10.

Die dritte Gattung der Mordanten kann auf zweyerley Art gebraucht werden, nämlich, aufsteigend und absteigend. Stehet die letzte Note vor dem Mordente tiefer als die folgende, wo der Mordant angebracht wird; so macht man ihn aufwärts: stehet die Note aber höher; so wird er abwärts gemacht. Z. E.

§. 11.

Man muß aber die Noten mit dieser Gattung Mordenten nicht überhäufen. Und es giebt nur wenige besondere Fälle, wo man einen Aufstrich mit dem Mordente anfangen kann. Z. E.

Hier läßt es gut.   Hier aber schlecht.

§. 12.

§. 12.

Auch bey einer Folge stuffenweis nacheinander absteigender Mordenten spielet man die Note des Aufstreichs allemal besser ohne Mordenten. Denn von dem Aufstriche muß der Accent erst auf die folgende Note fliessen. Z. E.

§. 13.

Ueberhaupts muß man den Mordenten nur brauchen, wenn man einer Note einen besondern Nachdruck geben will. Denn die Stärke des Tones fällt auf die Note selbst: der Mordant hingegen wird ganz schwach und recht geschwind an die Hauptnote angeschleifet; sonst würde er kein Mordant mehr heissen. Er macht die Note lebhaft; er unterscheidet sie von den übrigen, und giebt dem ganzen Vortrage ein anderes Ansehen. Man pflegt ihn also bey ungleichen Note meistentheils am Anfange eines Viertheils anzubringen: denn dahin gehöret eigentlich der Nachdruck. Z. E.

§. 14.

Endlich muß ich noch erinnern, daß gleichwie bey den Vorschlägen, also auch hier der absteigende Mordant allemal besser als der aufsteigende ist: und zwar aus den nämlichen Ursachen die wir bey den Vorschlägen beygebracht haben. Uebrigens bestehet der gute Vortrag eines Mordenten in der Geschwindigkeit; wie geschwinder er vorgetragen wird, je besser ist er. Man muß aber das geschwinde nicht bis auf das Unverständliche treiben. Auch bey dem geschwindesten Vortrage muß man die Noten verständlich und recht körnicht ausdrücken.

§. 15.

Es giebt noch einige andere Auszierungen, die meistens ihre Benennungen vom Italienischen haben. Nur das Batement (Batement) ist französischer Herkunft: Die Ribattuta, Groppo, Tirata, mezzo Circulo u. d. g. sind wälscher Geburt. Und obwohl man sie selten mehr nennen höret; so will ich sie doch hersetzen; denn sie sind nicht ohne Nutzen; man kann sie noch wohl brauchen. Ja, wer weis es, ob sie nicht manchen aus der Verwirrung reissen, und ihn wenigst einiges Licht anzünden, in Zukunft mit mehrerer Ordnung zu spielen? Es ist doch untröstlich immer so auf gerathewohl hinzuspielen, ohne zu wissen was man thut.

§. 16.

Das Batement (Batement) ist ein Zusammenschlag zweener nächsten halben Töne, welcher Zusammenschlag von dem untern halben Tone gegen den obern in größter Geschwindigkeit etlichmal nacheinander wiederholet wird. Das Batement oder dieser Zusammenschlag muß weder mit dem Tremulo, noch mit dem Triller, noch mit dem aus der Hauptnote herfließenden Mordente vermischet werden. Dem Tremulo sieht der Zusammenschlag in etwas gleich: allein dieser ist viel geschwinder, wird mit zweenen Fingern gemacht; und übersteiget den Hauptton oder die Hauptnote nicht; dahingegen die Schwebung des Tremulo auch über den Hauptton fortschreitet. Der Triller kömmt von oben auf die Hauptnote: der Zusammenschlag aber von unten, und zwar allemal nur aus dem Halbentone. Und der Mordente schlägt im Hauptone an: das Batement hergegen fängt sich im tiefern nächsten Semitone an. Dieser Zusammenschlag sieht also aus.

Man

Das eilfte Hauptstück. 251

Man braucht dieses Batement in lustigen Stücken anstatt der Vorschläge und Mordenten, um gewisse sonst leere Noten mit mehr Geist, und recht lebhaft vorzutragen. Das beygebrachte Beyspiel mag hievon ein Zeuge seyn. Man muß das Batement aber nicht zu oft, ja gar selten, und nur zur Veränderung anbringen.

§. 17.

Der Zurückschlag (Ribattuta) wird bey dem Aushalten einer recht langen Note, und gemeiniglich vor einem Triller angebracht. Man sehe nur auf den fünften Paragraph des vorigen Hauptstückes zurück, und bey den Doppeltrillern habe ich durchgehends eine kurze Ribattuta voran gesetzet. Man kann den Zurückschlag, auch sonst artig anbringen, zum Exempel, in einem Adagio:

So stehet es geschrieben.   Und so kann man es mit einer Ribattuta spielen.

Man muß aber die Ribattuta mit einer Stärke anfangen, die sich bey der Folge verliert. Hier ist noch ein Beyspiel.

So kann man es mit dem Zurückschlage auszieren.

252   Das eilfte Hauptstück.

§. 18.

Die Auszierung so man Groppo nennet ist eine Verbindung etwas weniges aus einander stehender Noten, welche Verbindung durch einige geschwinde Noten geschiehet. Wenn man diese geschwinde Noten vor dem Aufsteigen oder Absteigen allemal noch um einen Ton zurück tretten, und diesen Aufenthalt nur machen, um nicht zu früh den Hauptton zu erreichen; so bekommen sie dadurch dem Ansehen nach eine so knorrichte Figur: daß einige das Wort Groppo vom französischen und englischen (Grape) welches eine Traube und figürlich nach dem altteutschen ein Kluster heißt; andere aber diese Benennung vom italiänischen Groppo ein Knotten, oder Knopf, Groppare knüpfen herleiten. Diese Auszierung sieht also aus.

Diese Auszierung muß man aber nur brauchen, wenn man allein spielet; und auch dort nur zur Veränderung, wenn eine dergleichen Passage gleich nacheinander wiederholet wird.

§. 19.

Der Cirkel und Halbcirkel sind wenig von dem Groppo unterschieden. Sind sie nur 4. Noten; so nennet man sie den Halbcirkel: sind es aber 8. Noten; so ist es ein ganzer Cirkel. Man pflegt diese Figur also zu nennen, weil die Noten die Gestalt eines Kreises vorstellen. Z. E.

Ohne

Das eilfte Hauptück. 253

§. 20.

Diejenigen, welche recht sehr auf die Wortforschung erpicht sind, haben auch einen erwünschten Gegenwurf an dem Wort Tirata, welches einige vom italiänischen tirare, da es nämlich ziehen heißt, und sich zur Bildung gar vieler und unterschieblicher Sprichwörter brauchen läßt; andere aber vom tirata ein Schuß, oder tirare schießen herleiten; wo es schon im figürlichen Verstande genommen wird, und eigentlich eine wälsche Redensart ist. Beyde haben recht. Und da die Tirata nichts anders ist, als eine Reihe stuffenweise auf oder absteigender Noten, die zwischen zwoen andern Noten, welche von einander etwas entfernet sind, willkührlich angebracht werden; so kann es auch eine geschwinde und eine langsame Tirata geben: nachdem nämlich das Zeitmaaß geschwind oder langsam ist; oder nachdem die zwo Noten weit von einander entfernet sind. Ist die Tirata langsam? so heißt es ein Zug, und kömmt vom tirare Ziehen: denn man ziehet den Gesang durch viele Töne von einer Note zu der andern, und man verbindet die zwo auseinander stehenden Noten durch die zwischen denselben liegenden übrigen Intervallen. Ist die Tirata aber geschwind? so geschieht zwar die nämliche Verbindung: allein sie geschieht so geschwind

254 Das eilfte Hauptstück.

geschwind, daß man sie einem Pfeilwurfe oder Schusse vergleichen kann (c). Hier sind Beyspiele.

(c) Was? Den Schuß aus dem Reiche der Musik verbannen? — — Das wollte ich nicht wagen: Denn er hat sich nicht nur in die schönen Künsten, sondern aller Orten eingedrungen. Ja wo man nichts davon wissen will, dort riechet es erst recht sehr nach Pulver. Quisque suos patimur Manes — —. *Virgil.*

Das eilfte Hauptstück. 255

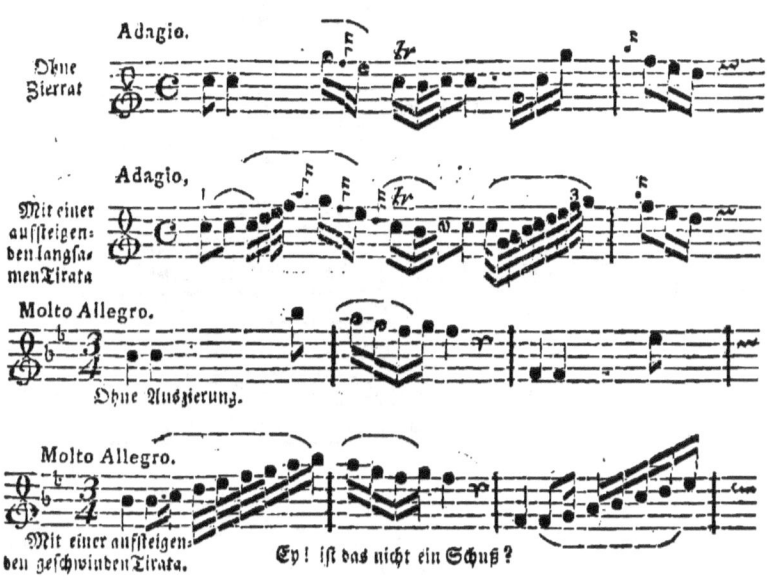

§. 21.

Man kann aber auch die Tiraten noch auf viele andere Art anbringen. Ich will eine und die andere hersetzen. Z. E.

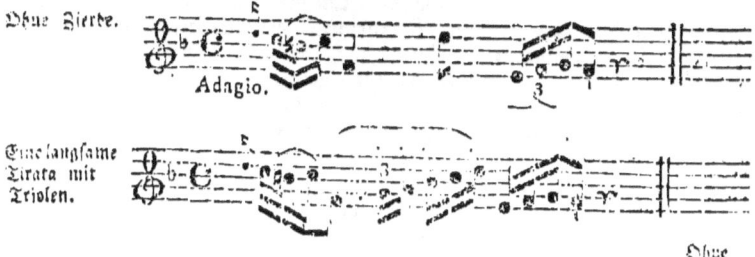

Ohne

256 Das eilfte Hauptstück.

§. 22.

Alle diese Auszierungen brauche man aber nur, wenn man ein Solo spielet; und dort sehr mäßig, zur rechten Zeit, und zur Abwechselung einiger öfter nacheinander kommenden Passagen. Und man sehe wohl auf die Vorschrift des Componisten: denn bey der Anwendung solcher Auszierungen verräth man am ehesten seine Unwissenheit. Absonderlich aber hüte man sich vor allen willkührlichen Zierraten, wenn mehrere aus einer Stimme spielen. Was würde es vor eine Verwirrung geben, wenn jeder nach seinem Sinne die Noten verkräuseln wollte? und wurde man nicht leßlich, wegen den verschiedenen ungeschickt eingemischten abscheulichen Schönheiten keine Melodie mehr verstehen? ich weiß wie bange einem wird, wenn man die singbarsten Stücke durch unnöthige Verzierungen so erbärmlich verstümpeln höret. Ich will in den folgenden Hauptstücke hievon etwas mehrers reden.

Das

Das zwölfte Hauptstück.
Von dem richtigen Notenlesen und guten Vortrage überhaupts.

§. 1.

In der guten Ausführung ist alles gelegen. Diesen Satz bestättiget die tägliche Erfahrniß. Mancher Halbcomponist ist vom Vergnügen entzücket, und hält nun von neuem erst selbst recht viel auf sich, wenn er seinen musikalischen Galimatias von guten Spielern vortragen höret, die den Affect, an den er nicht einmal gedacht hat, am rechten Orte anzubringen, und die Charaktere, die ihm niemals eingefallen sind, so viel es möglich ist zu unterscheiden, und folglich die ganze elende Schmiererey den Ohren der Zuhörer durch einen guten Vortrag erträglich) zu machen wissen. Und wem ist hingegen unbekannt, daß oft die beste Composition so elend ausgeführet wird, daß der Componist selbst Noth genug hat seine eigene Arbeit zu kennen?

§. 2.

Der gute Vortrag einer Composition nach dem heutigen Geschmacke ist nicht so leicht als sichs manche einbilden, die sehr wohl zu thun glauben, wenn sie ein Stück nach ihrem Kopfe recht närrisch verzieren und verkränseln; und die von demjenigen Affecte ganz keine Empfindung haben, der in dem Stücke soll ausgedrücket werden. Und wer sind diese Leute? Es sind meistens solche, die, da sie kaum in Tacte ein wenig gut fortkommen, sich gleich an Concerte und Solo machen, um (nach ihrer dummen Meinung) sich nur sein bald in die Zahl der Virtuosen einzudringen. Manche bringen es auch dahin, daß sie in etlichen Concerten oder Solo, die sie rechtschaffen geübet haben, die schwersten Passagen ungemein fertig wegspielen. Diese wissen sie nun auswendig. Sollen sie aber nur ein paar Menuete nach der Vorschrift des Componisten singbar vortragen; so sind sie es nicht im Stande: ja man siehet es in ihren studierten Concerten schon. Denn so lang sie ein Allegro spielen, so gehet es noch gut: wenn es aber zum Adagio kömmt; da verrathen sie ihre grosse Unwissenheit und ihre schlechte Beurtheilungskraft in allen Tacten des ganzen Stücks. Sie spielen ohne Ordnung, und ohne Ausdruck; das Schwache und Starke wird nicht

nicht unterschieben; die Auszierungen sind am unrechten Orte, zu überhäuft, und meistens verwirret angebracht; manchmal aber sind die Noten gar zu leer; und man merket, daß der Spielende nicht weiß, was er thun solle. Von solchen Leuten läßt sich auch selten mehr eine Besserung hoffen: denn sie sind mehr als jemand von der Eigenliebe eingenommen; und er würde sich in ihre größte Ungnad setzen, welcher sich aus redlichem Herzen ihrer Fehler überzeugen wollte.

§. 3.

Die musikalischen Stücke von guten Meistern richtig nach der Vorschrift lesen, und nach dem im Stücke herschenden Affecte abspielen ist weit künstlicher, als die schweresten Solo und Conzerte studieren. Zu dem letzten braucht man eben nicht viel Vernunft. Und wenn man so viel Geschicklichkeit hat die Applicaturen auszudenken: so kann man die schweresten Passagen von sich selbst lernen; wenn nur eine starke Uebung dazu kömmt. Das erste hingegen ist nicht so leicht. Denn man muß nicht nur alles angemerkte und vorgeschriebene genau beobachten, und nicht anders, als wie es hingesetzet ist, abspielen: sondern man muß auch mit einer gewissen Empfindung spielen; man muß sich in dem Affect setzen, der auszudrücken ist; und man muß alle Züge, die Schleifer, das Abstoßen der Noten, das Schwache und Starke, und, mit einem Worte, alles was immer zum schmackhaften Vortrage eines Stükes gehöret, auf eine gewisse gute Art anbringen und vortragen, die man nicht anders, als mit gesunder Beurtheilungskraft durch eine lange Erfahrniß erlernet.

§. 4.

Man schliesse nun selbst ob nicht ein guter Orchestergeiger weit höher zu schätzen sey, als ein purer Solospieler? Dieser kann alles nach seiner Willkuhr spielen, und den Vortrag nach seinem Sinne, ja nach seiner Hand entrichten; da der erste die Fertigkeit besitzen muß den Geschmack verschiedener Componisten, ihre Gedanken und Ausdrücke alsogleich einzusehen und richtig vorzutragen. Dieser darf sich nur zu Hause üben um alles rein herauszubringen, und andere müssen sich nach ihm richten; jener aber muß alles vom Blatte weg, und zwar oft solche Passagen abspielen, die wider die natürliche Ordnung des Zeitmaaßes laufen (a); und er muß sich meistens nach andern richten. Ein Solospieler kann

(a) Contra Metrum Musicum Hiervon habe schon im zweyten Abschnitte des ersten Hauptstückes §. 4. in der Anmerkung (d) eine Meldung gethan. Und ich weis nicht, was ich denken solle, wenn ich eine Arie von manchem sehr berühmten wälschen Componisten sehe, die so wider das musikalische Metrum läuft, daß man glauben sollte, es hätte sie ein Schüler gemacht.

Das zwölfte Hauptstück.

kann ohne grosse Einsicht in die Musik überhaupts seine Concerte erträglich, ja auch mit Ruhme abspielen; wenn er nur einen reinen Vortrag hat: ein guter Orchestergeiger aber muß viele Einsicht in die ganze Musik, in die Setzkunst und in die Verschiedenheit der Charakters, ja er muß eine besondere lebhafte Geschicklichkeit haben, um seinem Amte mit Ehren vorzustehen; absonderlich wenn er seiner Zeit den Anführer eines Orchesters abgeben will. Vielleicht sind aber einige, welche glauben, daß man mehr gute Orchestergeiger als Solospieler findet? diese irren sich. Schlechte Accompagnisten giebt es freylich genug; gute hingegen sehr wenig: denn heut zu Tage will alles Solo spielen. Wie aber ein Orchester aussieht, welches aus lauter Solospielern bestehet, das lasse ich jene Herren Componisten beantworten, die ihre Musiken dabey aufgeführet haben. Wenig Solospieler lesen gut: weil sie allemal nach ihrer Phantasie etwas einzumischen, und nur auf sich allein, selten aber auch auf andere zu sehen gewohnet sind (b).

§. 5.

Man muß also nicht Solospielen, bevor man nicht recht gut accompagniren kann. Man muß vorher alle Veränderungen des Bogenstriches genau zu machen wissen; man muß das Schwache und Starke am rechten Orte und mit rechtem Maaße anzubringen verstehen; man muß lernen die Charakters der Stücke unterscheiden, und alle Passagen nach ihrem erforderlichen eigenen Geschmacke vortragen, und mit einem Worte, man muß eher vieler geschickten Leute Arbeit richtig und zierlich lesen können, ehe man anfängt Concerte und Solo zu spielen. Man kennet es gleich an dem Gemälde, ob derjenige, der es verfertiget hat, ein Meister im Zeichnen ist: gleichwie mancher sein Solo vernünftiger spielen würde, wenn er jemals eine Sinfonie oder ein Trio nach dem darinnen erforderlichen guten Geschmacke vorzutragen, oder eine Arie mit dem rechten Affecte und nach dem derselben eigenen Charaktere zu accompagniren gelernet hätte. Ich will mich bemühen einige kurze Regeln herzusetzen, deren man sich bey der Aufführung einer Musik mit Nutzen bedienen kann.

§. 6.

Daß man sein Instrument gut und rein mit den übrigen einstimmen müsse, das weiß man zwar ohnedem und meine Erinnerung scheinet in solchem Falle etwas

(b) Ich rede aber hier keineswegs von jenen grossen Virtuosen, die neben ihrer ausserordentlichen Kunst in Abspielung der Concerte, auch gute Orchestergeiger sind. Dieß sind Leute, die wirklich die grösseste Hochachtung verdienen.

etwas überflüssiges zu seyn. Allein wenn oft so gar Leute die das erste Violin vorstellen wollen ihre Instrumente nicht rein zusammen stimmen, so finde ich höchst nothwendig solches hier zu erinnern: um so mehr, als sich die übrigen alle nach dem ersten Violinisten einstimmen sollen. Wenn man bey einer Orgel oder Flügel spielet, so muß man sich mit der Stimmung nach solchen richten: sind aber keines von beyden da, so nimmt man den Ton von den Blasinstrumenten. Einige stimmen am ersten die (A) Seyte, andere hingegen die (D) Seyte. Beyde thun recht, wenn sie nur fleißig und rein stimmen. Nur will ich noch erinnern: daß die Seyteninstrumenten in einem warmen Zimmer allemal tiefer, in der Kälte aber höher werden.

§. 7.

Bevor man zu spielen anfängt muß man das Stück wohl ansehen und betrachten. Man muß den Charakter, das Tempo und die Art der Bewegung, so das Stück erfordert, aufsuchen, und sorgfältig nachsehen, ob nicht eine Paßage darinnen stecket, die oft beym ersten Ansehen nicht viel zu bedeuten hat, wegen der besondern Art des Vortrags und des Ausdruckes aber eben nicht leicht abzuspielen ist. Man muß sich endlich bey der Ausübung selbst alle Mühe geben den Affect zu finden und richtig vorzutragen, den der Componist hat anbringen wollen; und da oft das Traurige mit dem Fröhlichen abwechselt: so muß man jedes nach seiner Art vorzutragen beflißen seyn. Mit einem Worte, man muß alles so spielen, daß man selbst davon gerühret wird (c).

§. 8.

Aus diesem fliesset: daß man die vorgeschriebenen Piano und Forte aufs genaueste beobachten, und nicht immer in einem Tone fortleyren muß. Ja man muß das Schwache mit dem Starken, ohne Vorschrift, auch meistens selbst abzuwechseln und jedes am rechten Orte anzubringen wissen: denn dieß heißt nach dem bekannten Malerspruche, Licht und Schatten. Die durch (x) und (♯) erhöheten Noten soll man allemal etwas stärker anspielen, in der Folge der Melodie aber im Tone wieder abnehmen. Z. E.

Eben

(c) Es ist schlecht genug, daß mancher niemals an das denket, was er wirklich thut sondern seine Noten nur so wie im Traume wegspielet, oder als wenn er gerade zu für sich allein spielete. Ein solcher nimmt es nicht wahr, wenn er gleich ein paar Viertheile im Tacte voraus läuft: und ich wette darauf er würde das Stück um ein paar Tacte eher als andere enden, wenn nicht der Nächste an ihm, oder der Anführer selbst solches erinnerte.

Das zwölfte Hauptstück. 261

Eben so muß man eine durch (b) und (♯) angebrachte schnelle Erniedrigung durch die Stärke unterscheiden. Z. E.

Man pflegt halbe Noten, wenn sie unter kurzen Noten vermischet sind, allemal stark anzustoßen und im Tone wieder nachlassen. Z. E.

Ja manche Viertheilnote wird auch auf eben diese Art gespielet. Z. E.

Und dieß ist jener Ausdruck den der Componist eigentlich verlanget, wenn er ein *f* und *p* nämlich Forte und Piano, zu einer Note setzet. Man muß aber, wenn man die Note stark angestoßen hat, den Bogen nicht von der Seyte weglassen, wie einige sehr ungeschickte thun; sondern der Bogen muß fortgeführet und folglich der Ton noch immer gehöret werden, nur daß er sich gelind verliere. Man lese nach, was ich am 44. Blatte in der Anmerkung (k) erinnert habe.

§. 9.

Meistens fällt der Accent (d) der Ausdruck oder die Stärke des Tones auf die herrschende oder anschlagende Note, welche die Italiäner Nota buona.

(d) Ich verstehe hier durch das Wort: Accent, keineswegs der Franzosen ihr le Por de Voix. darüber Roussau in seiner Methode apprendre à chanter. p. 56. eine Erklärung geben will: sondern einen Ausdruck (Expreßion), Nachdruck oder Emphasis, vom griechischen ἐν und φάσις, apparitio, dictio.

buona nennen. Diese anschlagende oder gute Note sind aber merklich von einander unterschieden. Die sonderbar herrschende Noten sind folgende: in jedem Tact die das erste Viertheil anschlagende Note; die erste Note des halben Tactes oder dritten Viertheils im Vierviertheiltacte; die erste Note des ersten und vierten Viertheils $\frac{6}{4}$ und $\frac{6}{8}$ Tacte; und die erste Note des ersten, vierten, siebenten und zehenten Viertheils im $\frac{12}{8}$ Tacte. Diese nun mögen jene anschlagende Noten heissen, auf die allemal die meiste Stärke des Tones fällt: wenn anders der Componist keinen andern Ausdruck hingesetzet hat. Bey dem gemeinen Accompagnieren einer Arie oder einer Concertstimme, wo meistens nur Achttheilnoten oder Sechzehntheilnoten vorkommen, werden sie itzt meistens abgesondert hingeschrieben, oder wenigst Anfangs ein paar Täcte mit einem kleinen Striche bemerket. Z. E.

Man muß also auf solche Art fortfahren die erste Note stark anzustoßen, bis eine Abänderung vorkömmt.

§. 10.

Die andern guten Noten sind die, welche zwar allezeit durch eine kleine Stärke von den übrigen unterschieden sind; bey denen man aber die Stärke sehr gemäßiget anbringen muß. Es sind nämlich die Viertheilnoten und Achttheilnoten im Allabreve Tacte, und die Viertheilnoten in dem so genannten halben Trippel; ferner die Achttheilnoten und Sechzentheilnoten im geraden und auch im $\frac{3}{4}$ und $\frac{2}{4}$ Tacte; und endlich die Sechzehntheilnoten im $\frac{3}{8}$ und $\frac{6}{8}$ u. s. f. Wenn nun dergleichen mehrere Noten nach-einander folgen, über deren zwo und zwo ein Bogen stehet: so fällt auf die erste der zwoen der Accent, und sie wird nicht nur etwas stärker angespielet, sondern auch etwas länger angehalten; die zwote aber wird ganz gelind, und still, auch etwas später daran geschleifet. Ein Beyspiel hiervon

Das zwölfte Hauptstück.   263

von sehe man im ersten Abschnitte des siebenten Hauptstücks §. 3. sonderbar aber lese man den im zweyten Abschnitte des siebenten Hauptstücks 5. §. und man besehe die Beyspiele. Es sind aber auch oft 3, 4, und noch mehrere Noten durch einen solchen Bogen und Halbcirkel zusammen verbunden. In solchem Falle muß man die erste derselben etwas stärker anstoßen, und ein wenig länger anhalten, die übrigen hingegen durch Abnehmung der Stärke immer stiller, ohne mindesten Nachdruck, in dem nämlichen Striche daran schleisen. Man erinnere sich öfters des siebenten Hauptstückes, und sonderheitlich was im ersten Abschnitte desselben §. 20. gesagt worden.

§. 11.

Aus eben dem sechsten und siebenten Hauptstücke siehet man, wie sehr das Schleifen und Stoßen die Melodie unterscheide. Man muß also nicht nur die hingeschriebenen und vorgezeichneten Schleifer genauest beobachten: sondern wenn in mancher Composition gar nichts angezeiget ist; so muß man das Schleifen und Stoßen selbst schmackhaft und am rechten Orte anzubringen wissen. Das Hauptstück von den vielen Veränderungen des Bogenstriches wird sonderbar im zweyten Abschnitte zum Unterricht dienen, wie man öfters eine beliebte Abänderung machen solle, die doch allemal dem Charakter des Stückes ähnlich seyn muß.

§. 12.

Es giebt heut zu Tage gewisse Passagen, wo der Ausdruck von einem geschickten Componisten auf eine ganz besondere ungewöhnliche und unverhofte Art angebracht wird, welches nicht jeder errathen würde, wenn es nicht angezeiget wäre. Z. E.

Denn hier fällt der Ausdruck und die Stärke des Tones auf das letzte Viertheil des Tactes, und das erste Viertheil des folgenden Tactes wird ganz still und ohne Nachdruck daran gehalten. Man unterscheide also diese beyde Noten keineswegs durch ein Nachdrücken mit dem Geigebogen; sondern man spiele sie, als wenn sie nur eine halbe Note wären. Auch hier mag man sich des 18.

§. im

264　　　Das zwölfte Hauptstück.

§. im dritten Abschnitte des ersten Hauptstücks, und der Anmerkung (k). erinnern.

§. 13.

In lustigen Stücken bringt man meistens den Accent bey der höchsten Note an, um den Vortrag recht lebend zu machen. Da geschieht es nun, daß der Nachdruck auf die letzte Note des zweyten und vierten Viertheils im geraden Tacte, im Zweyviertheiltacte aber auf das Ende des zweyten Viertheiles fällt; sonderbar wenn sich das Stück im Aufstreiche anfängt. Z. E.

Dieß läßt sich nun in langsamen und traurigen Stücken nicht thun: denn da muß die Aufstreichsnote nicht abgeschlossen, sondern angehalten und singbar vorgetragen werden.

§. 14.

Im Dreyviertheil und Dreyachttheiltacte kann der Accent auch auf das zweyte Viertheil fallen. Z. E.

§. 15.

Man siehet in dem letzten Beyspiele, daß im ersten Tacte die punctirte Viertheilnote (D) durch einen Bogen an die daraufolgende Achttheilnote (E) verbunden ist. Man muß demnach bey dem Puncte mit dem Geigebogen nicht nachdrücken, sondern so wohl hier, als bey allen dergleichen Fällen die Vierteilnote mit einer mäßigen Stärke angreifen, die Zeit des Puncts ohne Nachdruck aushalten und die darauf folgende Achttheilnote ganz still daran schleifen. Ich habe es schon im dritten Abschnitte des ersten Hauptstückes §. 9. erinnert.

§. 16.

Das zwölfte Hauptstück. 265

§. 16.

Eben also muß man auch jene Noten, die sonst dem Tacte nach sollten zertheilet werden, niemals abtheilen, oder die Abtheilung durch einen Nachdruck bemerken; sondern man muß sie nur anstoßen und still aushalten, nicht anders, als wenn sie im Anfange des Viertheiles stunden. Man lese nur den §. 21, 22, und 23. des vierten Hauptstückes. Wo auch schon Beyspiele genug sind. Hieher gehöret auch was am Ende des §. 18. im dritten Abschnitte des ersten Hauptstückes gesagt worden; und man vergesse ja die Anmerkung (k) nicht. Diese Art des Vortrages machet ein gewisses gebrochenes Tempo, welches, da oder die Mittelstimme, oder der Baß, mit der Oberstimme sich zu trennen scheinen, sehr fremd und artig läßt, auch verursachet, daß in gewissen Passagen die Quinten nicht so mit einander anstoßen, sondern wechselweise nacheinander anschlagen. Z. E. hier sind drey Stimmen.

§. 17.

Sowohl in dem itzt beygebrachten Falle, als wo immer ein Forte hingeschrieben ist, muß man die Stärke mit Maaße brauchen und nicht närrisch reißen: sonderbar bey der Begleitung einer Concertstimme. Manche thun eine Sache gar nicht, oder wenn sie es thun, so ist es gewiß übertrieben. Man muß auch den Affect sehen. Oft erfordert eine Note einen stärkern Anstoß; manchmal einen mittelmäßigen; und oft einen kaum merklichen. Das erste geschieht gemeiniglich bey einem gähen Ausbruck, den alle Instrumenten zugleich machen; und dieser wird meistens durch (*f p*) angezeiget. Z. E.

fp

Das zweyte geschieht bey den sonderbar herrschenden Noten, wovon im §. 9. dieses Hauptstückes gesprochen worden. Das dritte ergiebt sich bey allen

Mozarts Violinschule.   L l   den

Das zwölfte Hauptstück.

den übrigen im §. 10. erst angezeigten Noten, wo man eine kaum merkliche Stärke anbringen muß. Denn wenn man gleich unter der Begleitung einer concertirenden Stimme viele Forte hingeschrieben siehet; so muß man doch die Stärke mit seiner Maaße brauchen und nicht so übertreiben, daß man die Hauptstimme dadurch unterdrücket. Eine solche wenige und kurz angebrachte Stärke muß vielmehr die Hauptstimme erheben, die Melodie begeistern, dem Concertisten aushelfen, und ihm die Mühe das Stück recht zu Charakterisieren, erleichtern.

§. 18.

Gleichwie man nun das Schleifen und das Stoßen, das Schwache und das Starke nach Erforderung des Ausdruckes genauest beobachten muß; eben so muß man auch nicht beständig mit einem schleppenden schweren Striche fortspielen, sondern sich nach dem bey jeder Passage herschenden Affecte richten. Lustige und tändelnde Passagen müssen mit leichten und kurzen Bogenstrichen erhoben, fröhlich und geschwind weggespielet werden; gleichwie man langsame und traurige Stücke mit langen Bogenzügen, nahrhaft, und mit Zärtlichkeit vortragen muß.

§. 19.

Bey der Begleitung einer Concertstimme muß man meistens die Noten nicht anhaltend, sondern schnell wegspielen, und in dem 6/8 und 3/8 Tacte sind die schwarzen Noten fast wie Achttheilnoten abzugeigen; um den Vortrag nicht schläfferig zu machen. Man sehe aber auf die Gleichheit des Zeitmaaßes; und die schwarze Note muß man mehr hören als die Achttheilnote. Z. E.

So heißt es.   und so wird es fast gespielt.

§. 20.

Viele, die von dem Geschmacke keinen Begriff haben, wollen bey dem Accompagnement einer concertirenden Stimme niemals bey der Gleichheit des Tactes bleiben; sondern sie bemühen sich immer der Hauptstimme nachzugeben.

Dieß

Das zwölfte Hauptstück.

Dieß sind Accompagnisten für Stümpler und nicht für Meister. Wenn man manche italiänische Sängerinn, oder sonst solche Einbildungsvirtuosen vor sich hat, die dasjenige, was sie auswendig lernen, nicht einmal nach dem richtigen Zeitmaße fortbringen; da muß man freylich ganze halbe Tacte fahren lassen, um sie von der öffentlichen Schande zu retten. Allein wenn man einem wahren Virtuosen, der dieses Titels würdig ist, accompagnieret; dann muß man sich durch das Verziehen, oder Vorausnehmen der Noten, welches er alles sehr geschickt und rührend anzubringen weis, weder zum Zaudern noch zum Eilen verleiten lassen; sondern allemal in gleicher Art der Bewegung fortspielen: sonst würde man dasjenige was der Concertist aufbauen wollte, durch das Accompagnement wieder einreissen. (e)

§. 21.

Uebrigens müssen bey einer Musik, wenn sie anders gut seyn solle, alle die Zusammenspielenden einander wohl beobachten und sonderheitlich auf ihren Aufführer sehen: damit sie nicht nur zugleich anfangen; sondern damit sie beständig in gleichem Tempo, und mit gleichem Ausdrucke spielen. Es giebt gewisse Passagen bey deren Abspielung man leicht ins Eilen geräth. Man erinnere sich nur des §. 38. im vierten Hauptstücke. Und im sechsten und siebenten Hauptstücke hat man die Gleichheit des Zeitmaßes mehr denn einmal eingeschärfet. Ferner muß man sich befleißigen die Accorde schnell und zugleich, die nach einem Puncte oder kleinen Sospir folgenden kurzen Noten aber spät und geschwind wegzuspielen. Man sehe nur was ich im zweyten Abschnitte des siebenten Hauptstückes §. 2. und 3. gelehret habe; man suche eben dort die Exempel nach. Wenn im Aufstriche, oder nach einer kurzen Sospir mehrere Noten abzugeigen sind; so pflegt man sie in einem Herabstriche zu nehmen, und in einem Zuge an die erste Note des folgenden Viertheiles zu hengen. Da müssen die Zusammenspielenden besonders einander beobach-

---

(e) Ein geschickter Accompagnist muß also einen Concertisten beurtheilen können. Einem rechtschaffenen Virtuosen, dorf er gewiß nicht nachgeben: denn er würde ihm sonst sein Tempo rubato verderben. Was aber das gestohlene Tempo ist, kann mehr gezeiget als beschrieben werden. Hat man hingegen mit einem Virtuosen von der Pirbilburg zu thun? da mag man oft in einem Adagio Cantabile manche Achttheilnote die Zeit eines halben Tactes aushalten, bis er gleichwohl von seinem Paroxismus wieder zu sich kömmt, und es geht nichts nach dem Tacte; denn er spielt Recitativisch.

268　　　Das zwölfte Hauptstück.

obachten, und nicht zu frühe anfangen. Hier ist ein Beyspiel mit Accorden und Sospieren.

§. 22.

Alles, was ich nun in diesem letztem Hauptstücke niedergeschrieben habe, betrift eigentlich das richtige Notenlesen, und überhaupts den reinen und vernünftigen Vortrag eines gut gesetzten musikalischen Stückes. Und alle meine Bemühungen, die ich in Verfassung dieses Buches angewendet habe, ziehlet dahin: die Anfänger auf den rechten Weg zu bringen, und zur Erkänntniß und Empfindung des guten musikalischen Geschmackes vorzubereiten. Ich will also hier schliessen, zugleich aber dasjenige wiederholen, was ich am Ende der ersten Auflage dieser Violinschule gesagt habe: daß nämlich noch vieles für die Herrn Toncertisten zu sagen wäre, und daß ich es vielleicht noch einmal wagen werde die musikalische Welt mit einer Schrift zu vermehren. Ich würde es auch ohnfehlbar gewagt haben, wenn mich meine Reisen nicht gehindert hätten. Die Vorrede zu dieser Auflage enthält meine Entschuldigung umständlich. Ich hoffe noch mein Wort zu halten, da ich gesehen, daß mein Eifer den Anfängern zu dienen nicht ohne Nutzen war, und daß die gelehrten Herren Tonkünstler meine geringe Bemühung mit so vieler Güte beurtheilet haben.

Ende der Violinschule.

Register

Register
der vornehmsten Sachen.

Die römische Zahl zeiget das Hauptstück; die deutsche Ziffer hingegen den §. an. Sind aber zwo römische Zahlen beysammen: so führet die erste und etwas grössere zwar auf das Hauptstück; die zwote, etwas kleinere und Cursive aber bedeutet den Abschnitt. Das (E) heißt, die Einleitung.

A.

Abfall, eine musikalische Auszierung, siehe: Rückfall.

Abschnitte, was man in der Musik so heißt: V. 14.

Abstossen der Noten, wie es angezeiget wird, I. *III.* 20. wie man die Note, abstossen solle. IV. 38. und VII. *II.* 2. Das Abstossen der Noten muß man genau nach der Vorschrift des Componisten beobachten; und auch oft selbst geschickt anzubringen wissen. XII. 3. 11.

Abtheilung des Bogenstriches in das Schwache und Starke. V. 3. 4. 5. u. s. f.

Accent der musikalische, auf welche Noten er kömmt. XII. 8. 10. auf eine besondere Art angebracht. XII. 12. 13. 14.

Accompagnieren. einige Regeln davon. XII. 9. 17. 18. 19. 20.

Accorde. wie man sie spielen soll. XII. 21. gebrochene. s. Arpeggieren.

Adagio. wird oft schlecht gespielet. XII. 2.

Affect wird oft vom Componisten angezeiget. VI. 3. Der Bogenstrich muß zur Erregung der Affecten vieles beytragen. VII. *I.* 11 Der Affect muß in einem Stücke aufgesucht, und beym Vortrage beobachtet werden. XII. 3. 7

Alphabet zur Violin. I. *I.* 14. wenn es solle gelernet werden. II. 6. soll gut gelernet werden. II. eines dadurch (♯) und (♭) III. 6.

Amphion. E. II. 5.

Anfänger sollen nicht gleich zu geigen anfangen. I. *I.* 1. wie man sie im Tacte unterweisen solle. I. *II.* 8. 9. 10. 11. wie man sie wegen der Eintheilung der Noten und Pausen versuchen solle. I. *III.* 12. wie ein Anfänger die Geigen halten, und den Bogen führen solle. II. 1. 2. 3. 4. u. s. w. wie man sie mit Vortheile unterweisen solle. II. 8. warum sie anfangs meistens in (C) Dur gesetzte Stücke spielen sollen. II. 9. man soll ihnen die Buchstaben nicht auf die Violin schreiben. II. 10. die Anfän-

ger

Register.

ger sollen allezeit stark und ernstlich spielen. II. 11. wie sie die Tonarten sollen erkennen lernen. III. 2. 3. 4. sollen alle Interwallen kennen lernen. III. 5. sollen den vierten Finger oft brauchen. III. 7. was sie nach Erlernung des Alphabets spielen sollen. III. 8. 9.

Anführer muß bey einer Musik von allen wohl beobachtet werden. XII. 21.

Anschlag eine musikalische Auszierung. IX. 12.

Apollo. E. II. 5.

Applicatur was es ist. VIII. I. 1. dessen Ursache. VIII. I. 3. ist dreyfach VIII. I. 3. die ganze Applicatur. VIII. I. 4. 5. 6. wie man sich dazu geschickt machet. VIII. I. 7. wie man sie hinauf und herab spielet. VIII. I. 8. 9. 10. 11. 12. u. s. f. die halbe Applicatur. VIII. II. 1. 2. 3. 4 u. s. f. die vermischte Applicatur. VIII. III. 1. 2. 3. u. s. w.

Aristoxen. E. II. 5.

Arpeggieren. was es ist und wie es gemacht wird. VIII. III. 18.

Auflösungszeichen I. III. 13.

Aufstreich. I. III 24.

Ausdruck, s. Accent.

Ausführung. an der guten ist alles gelegen. XII. 1.

Aushaltung einer Note, Zeichen davon, und die Zeit derselben. I. III. 19.

Auszierungen soll man mäßig brauchen und wenn sie zu brauchen sind. XI. 22.

B.

(B) Dieser Buchstab muß sonderheitlich beobachtet werden. I. I. 14. B (b).

was es ist, und wie es in der Musik gebraucht wird. I. III. 13. 14. 15.

Barement. s. Zusammenschlag.

Barydon, der so genannte. E. I. 2.

Bebung. s. Tremolo.

Beyspiele. warum ich sie meistens in (C) dur gesetzet habe. VI. 19.

Bewegung der Hand beym Aushalten einer langen Note. V. 5.

Boetius. E. II. 3.

Boden der Violin. E. I. 3.

Bogen. wie der Geigebogen soll gehalten und geführet werden. II. 5. 6.

Bogenstrich. Regeln des Hinauf- und Herabstriches. IV. 1. 2. 3. u. s. w. Exempeln darüber. IV. 38. Abtheilung in das Schwache und Starke. V. 3. 4. u. s. f. muß bald nahe am Sattel, bald entfernt gemacht werden. V. 11. Die Striche solle man gut miteinander verbinden. V. 14. Veränderung des Striches bey Triolen. VI. 3. 4. u. s. w. bey gleichen Noten. VII. 1 1 2. 3. u. s. f. bey ungleichen Noten. VII. II. 1. 2. 3. u. s. w. Der Bogenstrich unterscheidet alles. VII. I. 1.

Bratschen (Viola di Braccio) E. I. 2.

Buchstaben. die musikalischen. I. I. 12. wo sie bey der Violin stehen. I. I. 13. 14. man soll sie den Anfängern nicht auf die Violin schreiben. II. 10.

C.

Canonici, wer sie waren. E. II. 5.

Charakter eines Stückes muß untersucht werden XII. 4. 5. 7.

Cirkel und Halbcirkel musikalischer Aus=

Register.

Auszierungen. XI. 19. Der Halbcirkel das Verbindungszeichen. I. III. 16. als ein Zeichen des Aushalten. I. III. 19.
Componisten sollen die Veränderung des Bogenstriches anzeigen, VI. 3. sollen aber bey Vorschreibung des Vortrages eine vernünftige Wahl treffen. VII. I. 1.
Concertstimme, wie man sie begleiten solle. XII. 9. 17. 19. 20.
Corona, was es ist. I. III. 19.
Corpus oder Körper der Violin. E. I. 3
Custos musicus. was es ist. I. III. 26.

D.

Dach auf der Violin. E. I. 3.
Darmsaiten, s. Saiten.
Didymus. E. II 5.
Diodor. E. II 5.
Doppelgriffe. s. Griffe.
Doppelschlag, eine musikalische Auszierung. IX. 27.
Dreyerl. s. Triolen.
Durtöne. s. Tonart.

E.

Einklang. unisonus. III. 5.
Einschnitte. V. 14.
Emphatik. s. Accent.
Erfinder der Musik. E. II. 3. und der musikalischen Instrumente. E. II. 5.
Erhöhungszeichen. I. III. 12. dabey muß man oft andere Finger brauchen. I. III. 14. der vierte Finger ist dabey nothwendig. III. 6. das doppelte Erhöhungszeichen. I. III. 25. Eine Tonleiter mit (𝕏) III. 6.
Erniedrigungszeichen. I. III. 13. Ein Alphabet davon. III. 6. Das doppelte Erniedrigungszeichen. I. III 25.

Exempel s. Beyspiele.
Expression. s. Accent.

F.

(*f. p.*) was diese Buchstaben anzeigen. VII. 8.
Figur. (gewisse zusammen gehörige Noten) können durch den Bogenstrich vielmal verändert werden. VI. 3.
Finger. Ordnung derselben auf der Violine I. I. 14. und III. 6. der vierte Finger soll öfters gebraucht werden. III. 7. warum er oft nothwendig ist. V. 13. und VI. 5. 17. wie die Finger bey der ganzen Applicatur gebraucht werden. VIII. I. 4. 5. 6. 8. 9. u. s. f. bey der halben. VIII. II. 1. 2. 3. u. s. w. bey der vermischten. VIII. III. 2. 3. u. s. f. der Finger Verlegung oder Ueberlegung. VIII. III. 15. man muß oft mit allen Fingern zurück gehen. VIII. III. 16. den vierten Finger ausstrecken. VIII. III. 9. oder auch den ersten zurückziehen. VIII. III. 10. oft aber zweene Finger ausstrecken. VIII. III. 11.
Flascholet, das sogenannte, soll nicht unter andere natürliche Violintöne gemischet werden. V. 13.
Forte (forte) s. Stärke.

G.

Gamba. E. I. 2.
Geige. Unterscheid, zwischen dem Worte Geige und Violin. E. I. 1. Die verschiedenen Gattungen derselben. E. I. 2. siehe ferner Violin.
Geigebogen, ist auch schon bey einigen Instrumenten der Alten gebraucht worden. E. II. 8. s. Bogen.

Register.

Gesellschaft musikalische. Nachricht davon. E. I. 6.
Geschichte der Musik. E. II. 5.
Gregor der grosse. E. II. 5. er verändert die Musik. I. 1. 4.
Griechen. sie sangen über ihre Buchstaben. I. I. 3. ihr Zeitmaaß. I. I. 4.
Griffe auf der Violin. I. I. 14. Doppelgriffe. VIII. II. 11. und VIII. III 8. 9. 10. 11. 12. 15. 16. u. s. f. eine sehr nützliche Beobachtung bey Doppelgriffen. VIII. III. 20.
Groppo, eine musikalische Auszierung XI. 18.
Guido von Arezzo. E. II. 5. machte eine Veränderung in der Musik. I. I. 5. 6.

H.

Halbcirkel. s. Cirkel.
Halbtriller. IX. 29.
Harmonici wer sie waren. E. II. 6.
Harte Tonart. s. Tonart.
Historie musikalische. E. II. 5.
Homer. E. II. 5.

J.

Instrumente musikalische, der alten Zeiten. E. II. 4. deren Erfinder. E. II. 5. 6. 8. Saiteninstrumenten verändern sich durch Wärme und Kälte, XII. 6.
Instrumentisten, sollen ihren Vortrag nach der Singmusik einrichten. V. 14.
Intervallen, musikalische, was sie sind und wie vielerley. III. 5.
Jubal. E. II. 3.

K.

Kunstwörter musikalische. I. III. 27.
Kreutzel, das so genannte. I. III. 13. 14. s. Erhöhungszeichen.

L.

Lactantius. E. II. 5.
Leyer der Alten was sie war, und ihr Ursprung. II. 6.
Linien musikalische. I. I. 8.
Lucian. E. II. 5.

M.

Maibom. (Marcus Maibomius) E. II. 5.
Marpurg, ein gelehrter Musikverständiger. E. II. 5.
Matematiker sollen den Geigenmachern bey Verfertigung der Instrumente an die Hände gehen. E. I. 6.
Mäßigung des Bogens. V. 10.
Merkur. E. II. 5. 6. 8.
Mizler ein gelehrter Musikverständiger. E. I. 6.
Molltöne. s. Tonart.
Mordente. was er ist und wie vielerley XI. 8. 9. ist aufsteigend und absteigend. XI. 10. man muß ihn mäßig brauchen; und wo XI. 11. 12. 13. muß körnicht vorgetragen werden. XI. 14.
Murs, Jean de Murs oder Johann von der Mauer. E. II. 5. er verändert die Musik sehr merklich. I. 1. 7.
Musik. Wortforschung. E. II. 2. die Erfindung. E. II. 3. Singmusik soll das Augenmerk der Instrumentisten seyn. V. 14. Veränderung derselben. I. I. 4. 5. 6. 7.
Musikalische Gesellschaft. s. Gesellschaft.
Musikalische Geschichte. E. II. 5.
Musikalische Kunstwörter. I. III. 27.

Musi=

Register.

Musikalische Schriftsteller, viele gute. E. II. 5.

N.

Nachschläge, eine Auszierung. IX. 30.
Noten. Warum sie erfunden worden. I. I. 2. wie sie erfunden worden. I. I. 7. wie sie itzt aussehen; und zu was sie dienen. I. I. 11. wie man sie zur Violin brauchet. I. I. 13. 14. ihre Dauer oder Geltung; und wie man sie in den Tact eintheilen solle. I. III. 1. 3. 4. 5. u. s. f. samt der Tabelle, wie auch IV. 37. wie die Noten heissen vor denen ein (♯); und die, vor denen ein (♭) stehet. I. III. 13. wenn eine Note muß ausgehalten werden, und wie? I. III. 19. was die Vorschlagnoten sind. siehe Vorschlagnoten. Beyspiele von laufenden und sonst vermischten Noten IV. 38. viele an einem Bogenstriche geschleifte. VII. I. 11. 12. 13. viele an einem Bogenstriche abgestossene. VII. I. 15. 16. 17. wie man die geschleiften schmackhaft vortragen solle. VII. I. 20. die punctierten, wie sie zu spielen sind. VII. II. 2. 3. 4. u. XII. 15. 21. herrschende, anschlagende oder gute Noten, welche solche sind. XII. 9. 10. unterschiedlich zusammengezogene wie sie vorzutragen sind. XII. 10. 12. 16. 21. nach einer kleinen Gospier, wie man sie abgessen solle. XII. 21.
Notenlesen, das gute ist schwerer als Concerte studiren. XII. 3. wenig Solospieler lesen gut. XII. 4. einige Regeln. XII. 7. 8. 9 u. s. f. bis 22.

Mozarts Violinschule.

O.

Octav. III. 5.
Olympus. E. II. 5.
Orchestergeiger, ein guter ist höher zu schätzen als ein purer Solospieler. XII. 4.
Orpheus. E. II. 5.

P.

Pausen. was sie sind, und was sie gelten. I. III. 2. 3. 5. 6.
Passage, eine durch den Bogenstrich 34. mal veränderte. VII. I. 19. besondere Passagen. XII. 12. 13. 14.
Piano s. Schwäche.
Plinius. E. II. 5.
Ptolomäus. E. II. 5.
Puncte. was er bedeutet. I. III. 8. 9. 10. neue Lehre von zweenen Puncten. I. III. 11. wenn er über oder unter der Note stehet, was er anzeiget. I. III. 17.
Punctierte Noten. s. Noten.

Q.

Quart. ist dreyerley. III. 5.
Quint. ist dreyfach. III. 5.

R.

Regeln des Hinaufstriches und Herabstriches. IV. 1. 2. 3. u. s. f. Zur Beförderung eines guten Tones auf der Violin. V. 4. 5. u. s. w. zum guten Notenlesen. XII. 7. 8. 9. u. s. f. bis 22.
Ribatutta s. Zurückschlag.
Rückfall oder Abfall eine Auszierung. IX. 25. wenn er gut oder schlecht ist. IX. 26.

S.

Sapho die Dichterin soll den Geigebogen erdacht haben. E. II. 8.

Sat=

Register.

Sattel auf der Violine, was es ist. S. I. 3. kann den Klang der Violin beſſern. S. I. 7.
Schleifen, wie es angezeigt wird I. III. 16. wie man ſchleiffen ſolle. VII. I. 20. VII. II. 2. 3. 4. 5. 6. 7. die Schleifer muß man genau beobachten, und auch oft ſelbſt geſchickt anzubringen wiſſen. XII. 3. 10. 11. 15.
Schleifer, eine muſikaliſche Ausziehrung. IX. 11.
Schlüſſel, der ſogenannte muſikaliſche. I. I. 9. wie man ihn bey den Blasinſtrumenten verſetzen könnte, und warum er bey der Violin kaum anders geſetzet werden. I. I. 10.
Schriftſteller, gute muſikaliſche. S. II. 5.
Schuß, ein muſikaliſcher. XI. 20.
Schwäche, mit dem Geigebogen, wo ſie anzubringen. V. 3. 4. 5. u. f. f. ſoll nicht gar zu ſtille ſeyn. V. 13. beym Schleifen. VII. I. 20. muß gut angebracht werden. XII. 3. 8.
Sechſt iſt dreyfach. III. 5.
Secund iſt dreyerley. III. 5.
Septime iſt dreyfach III. 5.
Seytenin ſtrumente. ſ. Inſtrument
Seyten. mit Darmſeyten waren auch ſchon die Inſtrumente der Alten bezogen S. II. 7. wie die 4. leeren Seyten auf der Violin heiſſen. I. I. 13. wie durch die Bewegung der Seyten der Klang entſtehet. V. 10. die dickern und tieffern darf man allemal ſtärker angreiffen als die ſchwachen. V. 11.

die leeren muß man oft vermeiden. V. 13.
Sichtbar ſoll man ſpielen. V. 14.
Soloſpielen muß man erſt, wenn man gut accompagniren kann. XII. 5.
Soſpiren, was man ſo heißt und was ſie gelten. I. III. 3. 5. 6.
Spielen, ſoll man allemal ernſtlich und ſtark. II. 11. und V. 2. ſpielen ſoll man, wie man ſingt. V. 14. einige Regeln der guten Spielart. XII. 7. 8. 9 u. ſ. f. bis 21.
Stärke. wo ſie mit dem Geigebogen kann angebracht werden. V. 3. 4. 5. u. ſ. f. ſoll nicht übertrieben werden. V. 13. wo mans beym Schleifen anbringet. VII. I. 20. muß geſchickt gebraucht werden. XII. 3. 8. Regeln von der Mäßigung der Stärke. XII. 17.
Stimmen. Unterſcheid des hohen und tiefen beym Spielen. V. 11.
Stimmung, eine reine iſt höchſtnöthig. XII. 6.
Stimmſtock. was es iſt S. I. 3. er kann den Klang der Violin verbeſſern. S. I. 7.
Stoſſen. ſ. Abſtoſſ n.
Strich. ſ. Bogenſtrich.
Striche, kleine, ober oder unter den Noten, was ſie bedeuten. I. III. 17. am Ende jedes Tactes. I. III. 5. werden zur Abtheilung eines Stückes gebraucht. I. III. 22.

T.

Tact. deſſen Beſchreibung und ſeine Wirkung. I. II. 1. 2. der Alten ihre Täcte, und die Erklärung des heutigen

Register.

gen Zeitmaaßes. I. II. 3. 4. auf den Hauptact beziehen sich die andern. I. II. 5. der Allabreve. I. II. 6. die Erklärung der Art der Bewegung: wie man sie erkennet, und wie sie dem Schüler soll beygebracht werden. I. II. 7. 8. Fehler der Lehrmeister. I. II. 9. sie sollen auf das Temperament des Schülers sehen. I. II. 10. und ihm nichts hartes vor der Zeit geben. I. II. 11. Man muß die Gleichheit des Tactes niemals außer Acht lassen I. II. 12. bey gleichen fortlaufenden Noten geräth man leicht ins Eilen. IV. 38. die Gleichheit des Tactes wird beständig eingeschärfet. VII. I. 8. 11. 16. 17. und VII. II. 2. 3. 5. der Tact muß beym Accompagnieren nicht geändert werden. XII. 20.

Temperatur, was sie ist. I. III. 25.
Tempo, gebrochenes. XII. 16.
Termini technici. I. III. 27.
Terz, ist zweyerley. III. 5.
Tevo. ein musikalischer Schriftsteller. E. II. 8.
Tirata. was es ist. XI. 20. 21.
Ton. den guten aus der Violin heraus zu bringen. V. 1. 2. u. s. w. die Reinigkeit des Tones zu erhalten. V. 10. man muß die Stimmung beobachten. V. 11. bey der Stärke und Schwäche in gleichem Tone spielen. V. 12. Gleichheit des Tones im Singen und Spielen. V. 13. 14.
Tonart. Erklärung, und Mannigfaltigkeit. III. 2. 3. 4.
Tremolo. dessen Ursprung, und wie er gemacht wird. XI. 1. 2. 3. ist breyfach.

XI. 4. fernere Erklärung desselben. XI. 5. auf 2. Seyten. XI. 6. wird meistens bey Cadenzen gebraucht. XI. 7.
Triller. wie er angezeiget wird. I. III. 21. wird beschrieben. X. 1. 2. muß mit der grössern oder kleinern Secunde, und nicht aus der Terze gemacht werden. X. 3. diese Regel scheinet eine Ausnahme zu haben: die aber nicht Stich hält. X. 4. wie man den Triller anfängt, und schließt. X. 5. 6. Er ist breyfach. X. 7. Der Geißtriller. X. 8. man muß sich an einen langen gewöhnen. X. 9. und alle Finger zum Trillerschlag üben. X. 10. wie man die Vorschläge und Nachschläge zum Triller braucht. X. 11. 12. 13. 14. wo man einen Triller machen solle. X. 15. 16. 17. 18. 19. 20. der aufsteigende und absteigende Triller. X. 21. 22. 23. durch die Semitone. X. 24. bey springenden Noten. X. 25. mit dem Abfall auf eine leere Seyte. X. 26. der Doppeltriller. X. 27. 28. Exempel davon durch alle Töne. X. 29. der auf- und absteigende Doppeltriller. X. 30. der Sechstriller. X. 31. der begleitete Triller. X. 32. der Halbtriller. IX. 29.
Triolen. was sie sind. VI. 1. sollen gleich vorgetragen werden. VI. 2. sie können durch den Bogenstrich oft verändert werden. VI. 3. 4. 5. u. s. f.
Trompete. E. I. 2.

U. V.

Ueberwurf. eine Auszierung. IX. 22. wenn er zu vermeiden. IX. 24.
Ut, re, mi, fa, &c. dessen Ursprung. I. I. 5.
Verbindungszeichen. I. III. 16. oft stehen

Regiſter.

ſtehen Pu[nc]te darunter oder kleine Striche. I. III. 17. auf eine andere Art angebracht. I. III. 18.
Viola d' Amor. E. I.
Violet, das engliſche. E. I. 2.
Violin. Unterſcheid zwiſchen dem Worte Geige und Violin. E. I. 1. Beſchreibung der Violin. E. I. 3. wie man ſie rein beziehen ſolle. E. I. 4. die Violinen ſind oft ſchlecht gearbeitet. E. I. 5. wie man ſie halten muß II. 1. 2. 3. u. ſ. w. Man ſoll keine Buchſtaben darauf pichen. II. 2. Man ſoll anfangs die Violin etwas ſtärker beziehen: und wie man den guten Ton darauf ſuchen ſolle. V. 1. 2. 3. u. ſ. f.
Violiniſt. wie er ſeine Violin verbeſſern kann. E. I. 7. wie er die Geige halten und den Bogen führen ſolle. II. 1. 2. 3. u. ſ. w. was er zu beobachten hat, bevor er zu ſpielen anfängt. III. 1. er ſoll vernünftig ſpielen. VII. 1. 1. ſoll die Vorſchrift des Componiſten wohl beobachten. IX. 21. nach dem erſten Violiniſten müſſen ſich die andern einſtimmen. XII. o. ſoll den Charakter eines Stückes beobachten, bevor er zu ſpielen anfängt. XII. 7. muß die Auszirungen am rechten Orte, und nicht zu häufig anbringen. IX. 21.
Violinſchlüſſel ſ. Schlüſſel.
Violino Picolo. E. I. 2.
Violon. E. I. 2.
Violoncell. E. I. 2.
Vorſchlagnoten, was ſie ſind I. III. 23. und IX. 1. wie vielerley deren ſind, und wie man ſie vortragen muß. IX. 2. 3. 4. die längern IX. 4. 5. 6. 7. 8. die kurzen Vorſchläge. IX. 9. die abſteigenden Vorſchläge ſind beſſer als die aufſteigenden. IX. 10. man kann ſie von der Terze machen. IX. 11. und aus dem nächſten Tone mit zwoen Noten. IX. 12. wenn der aufſteigende Vorſchlag am beſten klinget. IX. 13. die aufſteigenden kommen auch aus entfernten Tönen. IX. 15. durchgehende Vorſchläge. IX. 16. 17. 18 19. man ſoll die Vorſchläge am rechten Orte anbringen. IX. 21. wie man ſie zum Triller braucht. 11. 12. 13. 14.
Vortrag, der gute Vortrag iſt nicht leicht. XII. 2. 3. ſiehe ferner: Notenleſen und Bogenſtrich.

W

Wallis, ein muſik. Schriftſteller. E. II 5
Weiche Tonart. ſ. Tonart.
Wiederholungszeichen. I. III. 22.
Wörter. muſik. Kunſtwörter. I. III. 27.

Z.

Zarge an der Violin, was man ſo heißt. E. I. 3.
Zeichen. Verbindungszeichen. I. III. 16. Wiederholungszeichen. I. III. 22.
Zeitmaaß das muſikaliſch. ſ. Tact.
Zertheilung einer Note wie ſie zu lernen iſt. I. III. 7.
Zierraten. ſ. Auszierungen.
Zirkel. ſ. Cirkel.
Zurückſchlag (Ribattuta) wo, und wie dieſe Auszierung gebraucht wird. XI. 17.
Zuſammenſchlag (Batement) was dieß für eine Auszierung iſt. Ihr Urſprung und Gebrauch. XI. 15. 16.
Zwiſchenſchläge. IX. 19. 20.

Tabelle.
Die hier angemerkten Paragraphen führen uns in das vierte Hauptstück zu den Regeln der Strichart.

www.ingramcontent.com/pod-product-compliance
Lightning Source LLC
Chambersburg PA
CBHW031334230426
43670CB00006B/341